RR 5.7.84

THEOLOGISCHE MEDITATIONEN

HERAUSGEGEBEN VON HANS KÜNG

36

JÜRGEN MOLTMANN

WER IST DER «MENSCH»?

BENZIGER VERLAG

HERGESTELLT IM
GRAPHISCHEN BETRIEB BENZIGER, EINSIEDELN
ISBN 3 545 27036 X

INHALT

VORWORT

Diese drei Meditationen über das Geheimnis «Mensch» wurden am 4., 5. und 6. März 1974 als Raymond Fred West Memorial Lectures an der Stanford University in Kalifornien gehalten. Sie erscheinen auf englisch in der Stanford University Press unter dem Titel «Human Identity in Christian Faith». Für die deutsche Ausgabe wurde der einfache Titel «Wer ist ‹der Mensch›?» gewählt, weil es im christlichen Glauben um das Geheimnis des Menschen überhaupt, nicht nur des «christlichen Menschen» geht. Die sonst übliche Frage «Was ist der Mensch?» wurde durch die Frage «Wer ist der Mensch?» ersetzt, weil der Mensch Person, nicht Sache ist. «Der Mensch» wurde durch Anführungszeichen hervorgehoben, weil die allgemeine Frage nach dem Menschen zugleich als die besondere Frage nach dem exemplarischen, dem wahren, dem neuen Menschen verstanden wird.

Für die Aufnahme dieser Vorlesungen in die Reihe «Theologische Meditationen» danke ich Hans Küng. Die Frage nach der Menschlichkeit des Menschen ist wahrlich eine ökumenische Frage, die angesichts der gegenwärtigen Selbstzerstörungen des Menschen und seiner Welt nur in offener Gemeinschaft von der Christenheit theoretisch und praktisch ausgehalten und beantwortet werden kann.

JÜRGEN MOLTMANN

DAS MESSIANISCHE GEHEIMNIS «MENSCH»

Die Frage: «Wer ist der Mensch?» hat den Menschen, so weit wir wissen, von Anfang an bewegt. Die Tiere sind, was sie sind. Sie sind in ihrer Umwelt zu Hause. Der Mensch aber ist weder in seiner Umwelt, noch bei sich selbst zu Hause. Er ist unsicher, labil und offen. Darum leidet er ständig an seiner Nicht-Identität und muß nach seinem Wesen fragen und sich selbst erst finden. Der Mensch ist das «fragende Wesen». Das ist seine Würde und sein Elend. Er ist sich selbst nicht gegeben, sondern aufgegeben. In immer neuen religiösen Symbolen, Kulturen, sozialen Ordnungen und politischen Formationen versucht er, sich sein Gesicht zu geben. Das Wesen «Mensch», nach dem er fragt und das er finden muß, ist seine Hoffnung und seine Qual. «Menschen» zu finden, denen man vertrauen kann und die einen lieben, ist das Schönste. Von Menschen enttäuscht, verraten, unterdrückt, gefoltert und zerstört zu werden ist das Schrecklichste. Beständig erleben wir beides, doch heutzutage meistens das zweite. Der Mensch ist sich selbst und anderen verborgen. Er ist ein *homo absconditus.* Er ist ein Geheimnis der Hoffnung und ein Geheimnis der Bosheit zugleich.

In diesen Meditationen wollen wir in das Geheimnis Mensch einzudringen versuchen, das wir selbst sind. Als christlicher Theologe will ich es unter zwei Gesichtspunkten tun: 1. im Lichte dessen, den die biblischen

Traditionen «den Menschensohn» nennen, und 2. als Zeitgenosse mit den «Leiden dieser Zeit». Beide Gesichtspunkte gehören für mich zusammen und können nicht voneinander getrennt werden. Jener «Menschensohn» macht das menschliche Leben mit Leidenschaft lebendig und macht darum den «Tod des Menschen», den wir heute überall erfahren, so schmerzlich und so tödlich.

Humanismus nach dem «Tod des Menschen»

Das Wort «Humanismus» ist eine relativ späte Erfindung. Es entstand aus der Renaissance und der Aufklärung in Europa. Während noch das Mittelalter mit *humanitas* die menschliche Schwäche und Gebrechlichkeit an Leib und Geist im Vergleich mit göttlicher Vollkommenheit bezeichnete, machte der Humanismus aus diesem Wort sein Ideal der *Humanität.* Humanitas bezeichnete nicht mehr die schwache menschliche Kondition, sondern die starke menschliche Hoffnung auf «den Menschen». Damit wurde «der Mensch» zu einem ethischen Postulat. «Menschlich» ist, wer menschlich handelt, den Schwachen schont, den Kranken hilft, die Unterdrückten befreit. Bei organisierter Nächstenliebe spricht man darum von «humanitärer Hilfe», und Mord und Totschlag nennt man «unmenschlich», obgleich auch sie von Menschen begangen werden. So wurde durch den Humanismus die Humanität zum Inbegriff menschlicher Vollkommenheit bei dem Einzelnen wie bei der Menschheit.

Wohl liegt die Anlage zur Menschlichkeit in uns Menschen, aber wir müssen das Menschliche in uns erst ergreifen. Das aber heißt im Grunde: wir sind noch keine wahren Menschen, sondern müssen es immer erst noch werden.

Dieser Humanismus hat in den letzten zweihundert Jahren kulturell und politisch die Hoffnung genährt, wir könnten eine menschliche Zivilisation aufbauen und uns von der Barbarei befreien, wir könnten das Böse in uns überwinden und uns selbst zum Guten erziehen. Diese Hoffnung ist zwar oft enttäuscht worden und wird im politischen Geschehen unserer Gegenwart grausam zerstört. Dennoch bleibt sie unvergeßlich, solange der Mensch den Menschen sucht. «Unter Humanismus», schrieb *Jean-Paul Sartre* nach dem 1. Weltkrieg, «kann man eine Theorie verstehen, welche im Menschen das Ziel und den höchsten Wert sieht.» Nach dem 2. Weltkrieg trat dann der Existentialismus mit dem Anspruch auf, ein *militanter Humanismus* gegen die Unmenschlichkeit zu sein. Desgleichen stellte sich der Marxismus mit seinem Ziel einer «sozialistischen Menschengemeinschaft» als Humanismus vor, der zum Kampf gegen unmenschliche Ausbeutung antritt.

Die Enttäuschungen aber gehen heute tiefer. Umstritten ist nicht mehr nur der *Weg* zum wahren Menschen und zur menschlichen Menschheit, sondern die menschliche *Identität* selbst steht in Frage. Nachdem die bösen Erfahrungen mit dem Menschen alle Antworten auf die Frage nach dem «Ziel und dem höchsten Wert» zerstört haben, gehen viele den umgekehrten Weg: sie wollen die quälende, weil aussichtslose Frage nach dem Menschen abschaffen. Französische Literatur, Filme und Philosophie proklamieren «die Beseitigung des Lebenssinns und die Auflösung des Menschen». «Ich existiere nicht, diese Tatsache ist unbestreitbar», sagt eine Figur bei *Samuel Beckett.* «Nein, der Mensch existiert nicht; es ist nur ein Traum, ein bloßer Reflex, dem ihr nachjagt...» Der klassische Held, die literarische Person in den Romanen ist tot. Mit kunstvoller Technik nimmt *Robbe-Grillet* seine Personen in ihre Bestandteile auseinander, ruiniert ihre Namen und löst ihre Identität auf. Der individuelle Mensch ist nur eine kleine Schwankung, eine Aberration von den Meßdaten ewig gleicher Strukturen. Seine Lebensgeschichte kann nicht mehr erzählt werden. Die Frau in Becketts «O les beaux jours», die in den Wüstensand eingesunken ist und sich nur noch an die Brocken ihrer Erinnerung klammert, ist ein treffendes Bild dafür. Als Insekten beschrieben, erscheinen Menschen wie Eintagsfliegen ohne Identität und ohne Geschichte, darum auch ohne Erinnerung und ohne Hoffnung; letzte Figuren des Absurden, denen auch noch das Gefühl ihrer Absurdität langsam, aber sicher verlorengeht. Der Mensch – ein Zufallstreffer der Natur oder ein Unfall in der Evolution?

Deutsche Philosophen wie *Nietzsche* haben aus diesem Untergang des Humanismus noch eine Tragödie gemacht: auf den *Tod Gottes* folgte nicht die Auferstehung, sondern der *Tod des Menschen.* Nach der Auflösung der Religion folgt die Auflösung der Moral: «Nun haben wir die Moral vernichtet – wir selbst sind uns wieder völlig dunkel geworden» (Der Wille zur Macht, S. 594). Der österreichische Ingenieur und Dichter *Robert Musil* hat diese «Auflösung des Menschen» in seinem Roman «Der Mann ohne Eigenschaften» eindrucksvoll beschrieben: «Es ist eine Welt von Eigenschaften ohne Mann entstanden, von Erlebnissen, ohne den, der sie erlebt, und es sieht beinahe so aus, als ob im Idealfall der Mensch überhaupt nicht mehr privat erlebt werde und die freundliche Schwere der persönlichen Verantwortung sich in ein Formelsystem von möglichen Bedeutungen auflösen solle. Wahrscheinlich ist die Auflösung des anthropozentrischen Verhaltens, das den Menschen so lange Zeit für den Mittelpunkt des Weltalls gehalten hat, aber nun schon seit Jahrhunderten im Schwinden ist, endlich beim Ich selbst angelangt» (S. 150). Man kann diese «Tod-des-Menschen-Bewegung» in Literatur, Philosophie und Kunst heute einen Angriff auf den Humanismus nennen. Man kann vom humanistischen Selbstmord aus Verzweiflung über den unerfüllbaren Menschentraum sprechen. Und sofern das Bürgertum seit zweihundert Jahren Träger jenes idealen Humanismus gewesen ist, kann auch von einer bürgerlichen Selbstzerstörung die Rede sein. Merkwürdigerweise erwacht zur gleichen Zeit in den Ländern der Not und Unterdrückung ein neuer progressiver Humanismus, der für die Befreiung der Unterdrückten und für die Menschenrechte kämpft. Lateinamerikanische Revolutionsdichtung und A. Solschenizyn, Sacharow u.a. in Rußland sind von der Wiedergeburt eben des «Menschen» erfüllt, der bei uns totgesagt wird. Woran liegt das?

Literatur, Kunst und Philosophie sind nicht nur die Experimente einiger Auserwählter, sondern zugleich Ausdruck allgemeiner, konkreter Erfahrungen unserer Zeit. Unsere «Krise des Humanismus» spiegelt die Krise des Menschen in seiner eigenen Welt wider. Der literarische «Tod des Menschen» beschreibt nur das innere und äußere Sterben des Menschen am Menschen. In unseren Gesellschaften wächst die allgemeine *Unsicherheit* auf allen Gebieten. Nicht umsonst fühlt sich heute jedermann tief «verunsichert».

Da ist eine *Krise des Vertrauens:* Wem kann man noch trauen, wenn öffentliche Lüge und Dementis den politischen Stil beherrschen? Wenn das Wählervertrauen blutig enttäuscht wird und nach Watergate auch das «Weiße Haus» nicht mehr «weiß» ist? Das öffentliche Mißtrauen wächst. Der Rückzug in das private Leben rettet uns nicht, denn mit ihm verbunden wächst auch das Selbstmißtrauen: Kann jemand mir vertrauen? Kann ich mir selbst vertrauen, wenn ich tue, was ich nicht will, und nicht will, was ich tun muß? Menschen – nicht nur Studenten – werden zusehends seelisch labiler. Der Reifevorgang wird langsamer. Die Ich-Stärke läßt zu wünschen übrig.

Da ist weiter eine *Krise des Engagements:* Wofür kann einer sich wirklich mit ganzem Herzen und allen seinen Kräften einsetzen? Wofür sind Opfer und Entbehrungen notwendig und gerechtfertigt? Wir haben so oft gesehen, daß etwas ganz anderes herauskam, als ursprünglich gedacht war. Ganze Generationen fühlen sich darum enttäuscht und verraten.

Da ist endlich eine *Krise der Hoffnung:* Worauf darf ich hoffen? Die Chancen, die jungen Menschen heute durch die Gesellschaftsordnung eingeräumt werden, sind begrenzt und festgelegt. Die Rollen, die zu Einkommen, Familie, Haus und Komfort führen, sind vorprogrammiert. Man kann sie übernehmen, aber die Hoffnung, in ihnen zu sich selbst zu kommen und seine Identität zu finden, sind gering. Die Wahrscheinlichkeit, daß sie einen zerreißen und auflösen und man, statt zu sich selbst, zu einem Vertreter von etwas anderem, einer Firma, einer Verwaltung, einer Korporation wird, ist viel größer.

Aus der Krise des Vertrauens, des Engagements und der Hoffnung resultiert dann die *Krise des Menschen in seiner eigenen Welt.* Hat der Mensch noch eine Chance? Wir sind zwar von Jahr zu Jahr besser gerüstet, das zu erreichen, was wir wollen. Aber, mein Gott, was wollen wir eigentlich? «Das Fortschreiten der technischen Mittel ist von einem Prozeß der Entmenschlichung begleitet. Der Fortschritt droht das Ziel zunichte zu machen, das er verwirklichen soll – die Idee des Menschen», sagte der Frankfurter Philosoph *Max Horkheimer.* Der großartige Fortschritt der Wissenschaften hat den Menschen zwar auf den Mond gebracht, hat aber den Menschen nicht einen Schritt näher zum Menschen bringen können. Er hat die sozialen Probleme nicht gelöst, sondern sie sogar noch verschlechtert. Darum wird eine Wissenschaft immer fragwürdiger, die alles tut, was möglich ist, ohne im voraus die sozialen und moralischen Folgen ihres Tuns zu bedenken.

Es scheint, als seien dem Menschen seine eigenen Werke davongelaufen. Er hat die Kontrolle über sie verloren. Er kann die Eliten, die sie steuern, nicht mehr selbst kontrollieren, geschweige denn ihnen vertrauen. Darum droht ihm die Resignation. Er möchte wie ein alt gewordener König abdanken. Doch diese Abdankung des Menschen vor seinem eigenen Wissen und seinen Werken ist der Tod des lebendigen Menschen, bevor er gestorben ist. Da ist niemand, dem er die schwere Verantwortung, die ihm seine Herrschaft einbrachte, abtreten könnte. In seiner eigenen Welt hat der Mensch heute das Gefühl, eine Sache unter anderen Sachen zu sein. Überschwemmt von einer Fülle des Angebots, eingekeilt und reguliert durch ein mechanisiertes Universum, gerät er in Angst. Sein persönliches Leben geht spurlos vorüber. Es geht leer aus. Darum hat er das Empfinden, als Mensch überflüssig zu werden. Dreieinhalb Milliarden Menschen auf der Erde: – «Diese Erde könnte eigentlich auch unbewohnt sein», heißt es bei *Beckett*. Der literarische «Tod des Menschen» spiegelt den Widerspruch wider, in den der Humanismus geraten ist; jenen Widerspruch zwischen den von ihm proklamierten Werten – «der Mensch», das Ziel und der höchste Wert des Menschen – und den Verwüstungen seiner industriellen, sozialen und politischen Technik.

Wir sind in der Tat unsicher geworden. Weder die öffentlichen Einrichtungen, von der undurchschaubaren Politik bis zu den inflationären Geldwährungen, bieten jenen Halt, den wir Sicherheit nennen. Die seelischen Sinn- und Wertsysteme, nach denen wir denken, fühlen und handeln, bieten jene Glaubwürdigkeit nicht, die einen sicher machen könnte. Ist aber dieser permanente Schmerz der Unsicherheit nur ein Übel, das überwunden werden muß? Die Situation der seelischen Labilität und der sozialen Inflation war und ist immer die Stunde *totalitärer Ideologien.* Aus Identitätsunsicherheit entsteht immer leicht der Ausbruch unkontrollierter Gewalt. Das bedrohte Selbstgefühl wird dann durch eine ostentative und aggressive Identität kompensiert: Du mußt nur die richtige Grundentscheidung treffen, sagen die totalitären Ideologien, dann ist alles klar. Entscheide dich für deine Nation und bekämpfe alle ihre Feinde draußen und die unpatriotischen Umtriebe in dir selbst. Das gibt Sicherheit. Oder: Entscheide dich für den globalen Klassenkampf, dann kennst du deine Feinde und deine Freunde. Das gibt Sicherheit. Oder religiös: Entscheide dich für Christus und die Kirche und bekämpfe den Antichristen und die Kommunisten. Dann ist die verworrene Lage klar. Das gibt Sicherheit. Du hast dann keine Probleme mehr.

In der phrygischen Stadt Gordion gab es einen dem Zeus geweihten Wagen. An ihm war ein kunstvoll geknüpfter Knoten befestigt. Die alte Sage versprach dem die Herrschaft über Asien, der den gordischen Knoten zu lösen verstünde. Als Alexander der Große in die Stadt kam, brachte man auch ihm den Wagen mit dem Knoten. Aber er beugte sich nicht nieder, um ihn mit Geduld und Verstand aufzulösen, sondern nahm sein Schwert und zerschlug den Knoten mit einem Schlage.

Diese alte Geschichte ist ein Symbol für die moderne Flucht aus der wachsenden Unsicherheit und der Inflation aller Sicherheiten in die direkte Aktion. *Vivere pericolosamente* war schon das Schlagwort des Faschismus in Italien gewesen. Es ist der Rausch der Macht, der sich am eigenen Willen zur Macht betrinkt. In Zeiten der Unsicherheit ist die offene Rationalität, die kritisch und selbstkritisch nach den besseren Lösungen der vielen Probleme im Menschen und in der Gesellschaft sucht, schwer durchzuhalten. Darum greifen manche zur nackten Entscheidung ohne Grund oder fallen auf den «starken Mann» herein, der seinen Willen durchzusetzen versteht. Die Sehnsucht nach problemlosen Ideologien, die wir in einer verunsicherten Gesellschaft wachsen sehen, ist ein gefährliches Zeichen. Ihr entspricht in der Politik das Anwachsen der Militärdiktaturen, die demokratische Verfassungen durch Kriegsrecht außer Kraft setzen. Totalitäre Ideologien und Militärdiktaturen versprechen einen Identitätsrausch immer nur mit Hilfe eines Feindbildes: Wir sind die Guten. An allem Bösen ist der Feind schuld. Alles eigene Böse wird dem Gegner in die Schuhe geschoben. Das ist ein einfacher psychischer Mechanismus: aus innerer Unsicherheit heraus wird Selbstkritik zum Selbsthaß, und dieser Selbsthaß wird auf den Gegner projiziert, der damit verteufelt wird. Ich frage mich, ob zum Identitätsbewußtsein, sei es einer Person oder einer Gruppe, immer diese Bedrohung von außen und der zum Teufel gemachte Gegner gehören. Gibt es eine wirkliche, d.h. auch erlebbare Identität des Menschen, die ohne diese verhängnisvolle Mitwirkung von wirklichen oder vermeintlichen Feinden zustande kommt? Offenbar liefert uns die Sozialpsychologie und die politische Psychologie kaum empirische Beispiele für eine solche offene Identität.

Wer aber aus Unsicherheit heraus nach ideologischen oder politisch-militanten Sicherheiten greift, findet keine menschliche Identität, sondern vergrößert nur seine innere und äußere Unsicherheit. Gibt es die Möglichkeit, seine Unsicherheit anzunehmen und in ihr mehr zu entdecken als nur die Abwesenheit von Sicherheiten? Ist nicht der unsichere, fragende, suchende, kritische und mißtrauische Mensch mehr «Mensch» und liebenswürdiger «Mensch» als der sichere, entschlossene, fertige Diktator im Kleinen und im Großen? Die moderne Verunsicherung ist eine Qual. Das ist wahr. Aber in dieser Krise des Menschen liegt auch etwas zutiefst Menschliches. Von Tieren sagt man, sie seien «Sozialautomaten» (A. Mitscherlich). Sie reagieren instinktsicher auf die Signale ihrer Umwelt. Der Mensch aber ist von seiner Konstitution her ein weltoffenes, instinktunsicheres und zeitoffenes Wesen. Zwar kann auch er im Netz seiner sozialen Institutionen und Regulationen zu einem «Gewohnheitstier» werden. Aber gerade diese Sicherheit irritiert ihn, ängstigt ihn, läßt ihn fragen, was dann noch ein Mensch sei.

Es ist für ein weltoffenes und zeitoffenes Wesen wie den Menschen die oberste Aufgabe, mit seiner Unsicherheit fertig zu werden, ohne seine Offenheit zu verdrängen oder zu kompensieren. Er muß seine Kontingenz aushalten und sich erträglich machen. Des Menschen Unsicherheit ist ja nicht weniger, sondern mehr als die Instinktsicherheit eines Tieres oder die Reaktionssicherheit eines Automaten. Darum kann er seine konstitutionelle Unsicherheit auch in Zeiten öffentlicher Verunsicherung nicht durch Sicherheit, sondern nur durch etwas, was über Sicherheit und Unsicherheit hinausgeht, aushalten und erträglich machen: nämlich durch Vertrauen und Gewißheit. Die reformatorische Theologie hat das durch den Unterschied zwischen *securitas* und *certitudo* ausgedrückt. Certitudo = Gewißheit ist nicht Sicherheit, sondern setzt vielmehr Unsicherheit voraus. Sie verschließt die Zeitoffenheit nicht, sondern macht sie fruchtbar. Sie zerstört nicht die Freiheit durch die Diktatur einer Entscheidung, sondern mutet dem Menschen freie Entscheidungen zu.

Man kann diese Gewißheit jenseits von Sicherheit und Unsicherheit auch *Hoffnung* nennen, denn auch Hoffnung setzt Unsicherheit voraus. Hoffnung kann enttäuscht werden. Hoffnung will auch alle Täuschungen und Illusionen, die an ihr hängen, loswerden, denn Hoffnung hält die unsichere Offenheit des Menschen lebendig und befreit den Menschen von den Mauern, die er aufbaut, um nicht leiden zu müssen. Hoffnung macht den Menschen offen für die Möglichkeiten der Zukunft. Sie öffnet ihn aber auch für das Leiden an Verhinderungen und Rückschlägen. Sie zerstört damit seine drohende Apathie und macht ihn zu einem leidenschaftlichen und leidensfähigen Wesen. Hoffnung macht wie die Liebe verwundbar.

Mir scheint, daß die Unsicherheit, die wir heute überall erfahren, nicht nur etwas Erschreckendes und Negatives ist, daß wir sie so rasch wie möglich und mit welchen Mitteln auch immer überwinden müssen. Ich glaube auch nicht, daß sie den «Tod des Menschen» offenbart. Sie offenbart viel mehr die wirkliche Konstitution des Menschen, der kein Tier und kein Engel und auch kein Automat ist. Unsicherheit, wo sie bei einem Menschen und in einer Gesellschaft nicht krankhaft wird, macht beide doch liebenswürdig. «Solange der Mensch leidet, kann noch etwas aus ihm werden», sagte Freud einmal. Und eine humane Gesellschaft ist immer eine «offene Gesellschaft» (Popper). Das Phantom einer «geschlossenen Gesellschaft» allseitiger Funktionstüchtigkeit und Kontrolle gilt heute für manche zwar als «Paradies», ist aber im Grunde die Hölle. Eine offene Gesellschaft aber ist eine verwundbare Gesellschaft. Sie nimmt ihre Widersprüche an und anerkennt auch ihre Gegner und zeigt darin ihre Lebendigkeit.

«Der Mensch – das Ziel und der höchste Wert», sagte der alte Humanismus. Seine idealen Vorstellungen von wahrer Humanität sind tief enttäuscht worden. Der wirkliche Mensch stellte sich als ein unsicheres, gebrechliches, verwundbares Wesen heraus. Sollten wir darum nicht nach den Humanitätsträumen vom idealen Menschen, der wir sein sollen, aber nicht sind, die mittelalterliche Idee von der unsicheren, offenen und leidensfähigen *humanitas* wieder aufnehmen? Der wahre Mensch ist kein herrlicher, mächtiger, leidensunfähiger Gott auf Erden. Der wahre Mensch ist der wirkliche Mensch, der seine Unsicherheit annimmt, der sein Versagen bekennt, der enttäuschbar ist, der lachen *und weinen* kann. Das Menschsein läßt sich darum wohl am Zutreffendsten als *Armsein* verstehen, denn in seiner Armut liegt sein Reichtum und seine Hoffnung.

Das messianische Geheimnis «Mensch»

In der heutigen Krise des Menschen erinnern wir uns nicht nur an die Ideale des Humanismus, sondern auch an die messianischen Traditionen des Judentums und des Christentums. *Erinnerungen* an vergangene, bessere Zeiten können zur Flucht aus den Schwierigkeiten der Gegenwart und den Aufgaben der Zukunft führen. Die Erinnerung an die Vergangenheit kann aber auch gefährliche Einsichten erwecken. Oft scheint die etablierte Gesellschaft die subversiven Inhalte des Gedächtnisses zu fürchten. Dann setzt sie alles daran, sie zu verdrängen und auszumerzen. Die Erinnerung an die Hoffnungen und Leiden der Vergangenheit führt nämlich dazu, daß wir uns für kurze Augenblicke von der gegenwärtigen Macht der Tatsachen befreien und ihnen kritisch gegenübertreten. In einer selbstzufriedenen Welt ruft das Gedächtnis vergangene Schrecken, in einer resignierten Gesellschaft vergangene Hoffnung in die Erinnerung zurück. Es gibt *keine Hoffnung* auf eine neue Zukunft des Menschen *ohne die Erinnerung* an seine vergangene Leidens- und Hoffnungsgeschichte. Es gibt heute Gesellschaften, in denen schon das Wort «Humanismus» unter Strafe steht. Es gibt Gesellschaften und Religionen, in denen der jüdische und der christliche Messianismus unterdrückt werden. Wer immer heute an der Unmenschlichkeit des Menschen leidet und sich nicht länger mit Diktatur und Ausbeutung abfindet, wird nach der Erinnerung der messianischen Hoffnung fragen. Umgekehrt wird, wer sich dieser «gefährlichen Erinnerungen» bewußt wird, ins gegenwärtige Leiden und in den Protest für eine menschlichere Zukunft geführt werden.

Wer sich mit den messianischen Religionen beschäftigt, kann allerdings nicht damit rechnen, daß er die Lösung seiner Probleme und die Antwort auf seine Fragen findet. Das bekannte Schema von menschlicher Frage und göttlicher Antwort (P. Tillich) ist für sie unangemessen. Diese messianischen Religionen behaupten ja nicht, das quälende Geheimnis «Mensch» aufzuklären. Sie bestätigen und vertiefen dieses Geheimnis viel mehr. Der Gott, von dem sie sprechen, ist ein *verborgener Gott*. Er offenbart sich dem suchenden Menschen nicht in seiner *Herrlichkeit*, vor der alles Fragen glücklich verstummt, sondern in seinem eigenen *Leiden* an dieser unglücklichen Welt, das alles Fragen, Suchen und Beten hervorruft. Sprechen die messianischen Religionen von dem verborgenen Gott, der in der Tiefe des Leidens anwesend ist, dann kann auch sein Ebenbild, der Mensch, nur geheimnisvoll sein und nur in seiner Armut seine Wahrheit finden. Dem *Deus absconditus* entspricht der *homo absconditus*. Und nur in der Achtung des verborgenen Gottes wird der Mensch sich selbst und andere in ihrem *messianischen* Geheimnis achten.

Das klingt nicht sehr großartig, hat aber eine eminente kritische und befreiende Kraft in sich. Das Elend des

Menschen heute liegt weniger darin, daß er nicht weiß, wer er ist, sondern daß er von allen Seiten analysiert, definiert, festgelegt und manipuliert wird und dennoch fühlt, daß er das alles im Grunde nicht ist. Unsere privaten und politischen Religionen sind voll von offenbaren, definierten und fixierten *Götzen;* Götzen der Sicherheit, Götzen der Arroganz, Götzen der Macht und der Herrlichkeit. Darum sind unsere persönlichen, sozialen und politischen Beziehungen auch voll von *Menschenbildern*, die uns bedrücken und unfrei machen. Die messianischen Religionen waren immer vehement gegen die Götterbilder gerichtet, mit denen Menschen den lebendigen Gott verdrängen. Sie waren und müssen heute noch mehr als früher mit derselben Vehemenz gegen die Menschenbilder gerichtet werden, mit denen wir den lebendigen Menschen verraten. «Du sollst dir kein Bildnis noch Gleichnis machen», sagt das 2. Gebot des Moses. Das gilt nicht nur für Gott, sondern auch für sein Ebenbild auf Erden. Der definierte, festgestellte, nach Bildern behandelte und nach Vorurteilen beurteilte Mensch ist der *verratene Mensch*. Ihm wird keine Freiheit gegeben, keine Zukunft und keine Chance. Er muß so sein, wie man ihn haben will. Er ist fertig gemacht worden. Er ist am Ende. «Die Liebe befreit aus jeglichem Bildnis» (Max Frisch). Das ist das Erregende, das Abenteuerliche, daß wir mit Menschen, die wir lieben, nicht fertig werden, ja, von denen, die wir wirklich lieben, können wir am wenigsten sagen, wie sie sind und was sie sind. Wie Gott selbst schrankenlos ist, alles Möglichen voll und ein Geheimnis, so unfaßbar ist auch der Mensch – den man liebt. Nur die Liebe erträgt ihn so. Sie hält ihm seine Zukunft offen und geht auf seine Veränderungen ein. Macht man sich aber ein Bildnis, sagt man: «So bist du, so bist du immer», dann legt man den anderen auf seine Vergangenheit fest und raubt ihm seine Zukunft. Das ist das Lieblose und der Verrat des Menschen. Man sollte darum auch vorsichtiger sein mit dem Verlangen nach einem *christlichen Menschenbild*. Solange das Christentum messianisch denkt und hofft, hält es dem Menschen sein Geheimnis offen und befreit ihn aus den toten Bildern, die ihn fixieren und ihm seine Freiheit beschränken. Alle Definitionen in unserer Welt sind Herrschaftsakte. Auch eine Definition des Menschen wäre ein Herrschaftsakt. Messianisch ist dagegen die Befreiung des Menschen aus den Definitionen der Herrscher, die ihn zum Objekt machen. Wie sich der verborgene Gott den Definitionen des götzenhungrigen Menschen entzieht, so entzieht er auch sein Ebenbild den Definitionen unmenschlicher Herrschaft.

Ein messianisches Verständnis des Menschen weiß, daß der Mensch sich vor dem verborgenen Gott selbst zum Geheimnis wird. Diese Religionen segnen nicht die Auflösungen des Menschen, sondern halten seine Wunde offen in der Hoffnung auf jenes Reich, in dem Gott zum Menschen und der Mensch zu Gott kommt. Ein messianisches Verständnis des Menschen weiß, daß der Mensch ein eschatologisches Wesen ist und nur so lange ein zukunftsoffenes Wesen bleibt, wie ihn diese Hoffnung trägt. «Alle Dinge hat Gott fertig geschaffen. Den Menschen aber schuf er auf Hoffnung hin», sagt ein alter rabbinischer Kommentar zur Schöpfungsgeschichte. Und im Neuen Testament lesen wir: «Es ist noch nicht erschienen, was wir sein werden. Wenn es (d.h. Gott) aber erscheinen wird, werden wir ihm gleich sein» (1Joh 3,3).

Ein messianisches Verständnis des Menschen weiß endlich, daß die Leidensgeschichte des Menschen zugleich seine Hoffnungsgeschichte ist, denn das Leiden des Menschen kann nur durch die Liebe überwunden werden. Jede andere Überwindung oder Abschaffung des Leidens macht den Menschen apathisch und gleichgültig. Als Abschluß dieser Meditation sollen hier noch einige Gedanken zum Leiden des hoffenden Menschen und zur Hoffnung des leidenden Menschen angebracht werden:

Der Name «*Mensch*» bezeichnet in den messianischen Traditionen weder die vorhandene Wirklichkeit dieses Lebewesens noch sein Ideal, sondern seine Bestimmung und seine Hoffnung. Er bezeichnet das eine Ebenbild des Schöpfers mitten in seiner Schöpfung. Er bezeichnet damit die Hoffnung Gottes in der Welt. Adam und Eva sind darum nicht das Ursprungsideal des paradiesischen Menschen, wie die kirchliche Lehre oft gesagt hat, sondern der Anfang und die Hoffnung der Geschichte des Menschen. Mit der biblischen Schöpfungsgeschichte beginnt sozusagen das göttliche «Experiment Mensch». Wie die Schöpfung offen ist für die Geschichte von Gefahr und Heil, so ist auch der Mensch von Anfang an offen für Zerstörung und Erlösung. Er ist «gut», aber veränderlich geschaffen. Wie die Schöpfung auf das Reich Gottes angelegt ist, so ist der Mensch auf den «Menschensohn» angelegt, der seine Bestimmung erfüllt. Die Erinnerung an die Schöpfungsgeschichte des Menschen ist darum keine Erinnerung an das verlorene Paradies, sondern die Erinnerung der Hoffnung auf das Reich des Menschensohns.

In der Geschichte von Heil und Unheil ist darum der Name «Mensch» weder ein Titel des Ruhmes noch ein Ausdruck der Verachtung. Der Name «Mensch» ist ein Versuch der Bewältigung des Chaos. Wo immer ein Stück Schöpfung dem Chaos abgerungen wird, da ist Hoffnung, da dämmert das messianische Reich. Wo immer ein Stück des todverfallenen Lebens lebendig gemacht und dem «Tod des Menschen» widerstanden wird, wird der Name «Mensch» geheiligt.

Der Prophet *Daniel* hat aus den Verheißungen Gottes und den Erfahrungen Israels heraus die Vision des «Menschen» dargestellt. Im «Monarchienbild» Kapitel 7 sieht er die Weltgeschichte wie in einem Traum: Vier Tiere steigen nacheinander aus dem Chaos, herrschen für eine gewisse Zeit und werden dann von dem nächsten Tier gestürzt. Der Löwengreif stellt das babylonische Reich dar. Dann kommt ein gefräßiger Bär mit langen Zähnen. Er symbolisiert das medische Reich. Dann kommt der Panther mit Flügeln. Er repräsentiert das persische Reich. Dann kommt das Reich eines unbeschreiblich schrecklichen Ungeheuers, das alle anderen Reiche zerstört. Gemeint ist wohl das makedonische Reich. Wie auch heute Nationen oft in ihren Staatssymbolen, so sind diese Weltreiche durch Raubtiere symbolisiert. Sie kommen aus dem Chaos, aus der Macht der Zerstörung. Darum sagt

Daniel, daß durch diese vier unmenschlichen, bestialischen Weltreiche «der Frevel vollendet und die Sünde vollständig geworden sei». Die Zukunft dieser Reiche des Unmenschen ist das Gericht Gottes. Aber in der Nacht des Gerichtes, in der diese Weltreiche untergehen, wird der «Menschensohn» erscheinen. «Ich schaute in Gesichten der Nacht, und siehe, mit den Wolken des Himmels kam einer wie der Sohn des Menschen. Zum Alten der Tage gelangte er, vor ihn wurde er gebracht. Da wurden ihm gegeben die Herrschaft, die Herrlichkeit und das Königtum. Alle Völker, Nationen und Zungen werden ihm dienen. Seine Herrschaft wird eine ewige sein» (7,13 ff). Wer ist dieser Menschensohn? Gemeint ist nach israelitischem Denken zugleich eine einzelne Person wie die Gattung Mensch. Es soll «der Mensch» kommen, der durch seine «menschliche Herrschaft» in Frieden und Gerechtigkeit die Hoffnung des Schöpfers und die Bestimmung des Menschen erfüllt. Er soll nicht nur in den Himmel oder in einen religiösen Bereich kommen, sondern auf diese Erde, die den destruktiven politischen Kampf um die Weltherrschaft ertragen muß. Daniels Hoffnung auf das menschliche Reich des Menschen ist eine weltgeschichtliche und eine theologisch-politische Hoffnung. Sie kündigt den Untergang der tyrannischen, chaotischen Weltreiche an, unter denen die Menschen jetzt leiden. Zum Reich des Menschensohns gehören mitten in der Tyrannei schon diejenigen, die sich nicht anpassen, sondern widerstehen und jener Hoffnung treu bleiben. Hier ist «Geduld und Beharrung der Heiligen» nötig.

Der Name «Mensch» bezeichnet in den messianischen Traditionen mit jener Hoffnung auf den Menschen immer zugleich auch das *Leiden am Menschen*. Soweit Israel an der Hoffnung auf das menschliche Reich des Menschensohns festhielt und seinen Messianismus nicht begrub, hat es seine eigene Menschlichkeit in der Gestalt des leidenden Gottesknechtes und in der Figur Hiobs gesehen. Wo Israel Verfolgung, Exil, Gefangenschaft, Getto und den Tod erlitt, verstand es sein Leiden nicht nur als sein eigenes, sondern in Stellvertretung aller Erniedrigten und Beleidigten der Erde als Vertretung des verratenen Menschen. Es verstand in seinem eigenen Leiden auch das Leiden des Gottes, der mit ins Exil geht und mit den Märtyrern am Galgen hängt. Es verstand also seinen Weg als das messianische Leiden des menschlichen Gottes und seiner Menschheit. Das *Leiden seiner Hoffnung* wurde und wird auf diese Weise zur *Hoffnung der Leidenden* in der Welt. So wird Israel zum messianischen Licht der Völker. Mir scheint, daß der immer stärker werdende Schrei nach Freiheit heute und die gleichzeitig wachsende Wahrnehmung des Schmerzes an Unmenschlichkeiten sich an der inneren Geschichte Israels orientieren sollen: der Hoffnungsgestalt Abrahams und an der Schmerzensgestalt Hiobs.

In dieser Geschichte der messianischen Leidenschaft für den Menschen und des Leidens an seiner Unmenschlichkeit wird dann auch *Jesus von Nazareth* verständlich, den die Urchristenheit «den Menschensohn» nannte. Er brachte die Botschaft von der Freiheit Gottes zu den Armen, Aussätzigen und Schuldigen. Seine Botschaft brachte ihn an den Galgen. Ihn hat Gott von den Toten auferweckt und zum Erlöser der Welt gemacht. In dem gekreuzigten Menschensohn sieht uns der verborgene Gott an, und in dem auferweckten Christus offenbart sich uns der neue Mensch. Wir werden in der nächsten Meditation fragen, was das heißt: *Jesus – der Menschensohn.*

Aus dem jüdischen Erbe der Hoffnung sagte Franz *Kafka:* «Es ist keine Widerlegung der Vorahnung einer endgültigen Befreiung, wenn am nächsten Tag die Gefangenschaft noch unverändert ist oder gar sich verschärft. Alles das kann vielmehr notwendige Voraussetzung der endgültigen Befreiung sein.» Ich füge aus dem christlichen Erbe der Hoffnung hinzu: Es ist keine Widerlegung der Hoffnung auf den Menschen, wenn auch der Menschensohn ausgestoßen, erniedrigt und entehrt den Tod der Verlassenheit am Kreuz starb. Er brachte damit vielmehr die Hoffnung auf «den Menschen» zu den Ausgestoßenen, Erniedrigten, Entehrten und Schuldigen, und das heißt: zu uns.

JESUS – MENSCHENSOHN

Wer ist Jesus?

In der Mitte der synoptischen Evangelien steht eine merkwürdige Geschichte. Sie wird von Markus (8,27 bis 35), Matthäus (16,13–28) und Lukas (9,18–27) verschieden berichtet, aber von allen ins Zentrum gestellt. Wir nehmen hier den Bericht von Markus:

«*Und Jesus ging aus mit seinen Jüngern in die Märkte der Stadt Cäsarea Philippi. Auf dem Wege fragte er seine Jünger: Wer sagen die Leute, daß ich sei? Sie antworteten: Sie sagen, du seist Johannes der Täufer; etliche sagen, du seist Elia; etliche, du seist einer von den Propheten. Und er sprach zu ihnen: Ihr aber, wer sagt ihr, daß ich sei? Da antwortete Petrus und sprach zu ihm: Du bist Christus. Und er bedrohte sie, daß sie niemand von ihm sagen sollten. Dann begann er zu lehren: Des Menschen Sohn muß viel leiden und verworfen werden von den Ältesten und Hohepriestern und Schriftgelehrten und getötet werden und nach drei Tagen auferstehen. Und er redete das Wort frei heraus. Da nahm ihn Petrus zu sich und fing an, ihm zu wehren. Er aber wandte sich um und sah seine Jünger an und bedrohte Petrus und sprach: Geh hinter mich, Satan! Denn du meinst nicht, was göttlich ist, sondern was menschlich ist. Und er rief zu sich das Volk samt seinen Jüngern und sprach: Wer mir will nachfolgen, der verleugne sich selbst und nehme sein Kreuz auf sich und folge mir nach. Denn wer sein Leben behalten will, der wird es verlieren; und wer sein Leben verliert um meinet- und des Evangeliums willen, der wird es behalten.»*

Diese Geschichte behandelt die Frage: Wer ist Jesus? auf verschiedenen Ebenen: im Munde der Leute, im Munde des Petrus und im Munde Jesu selbst. Sie beantwortet die Frage nach Jesus nicht mit einer dogmatischen Antwort, sondern einmal mit der umgekehrten Frage Jesu an jeden Hörer dieser Geschichte: «Wer sagt Ihr, daß ich sei?» und zum anderen mit dem Ruf in die Nachfolge des leidenden Menschensohns.

Die Frage, wer Jesus sei, wurde von den Menschen, die seine Freiheitsbotschaft gehört, seine offenbar erstaunlichen Wunderheilungen erlebt und seine geheimnisvollen Gleichnisreden vernommen hatten, durch die Erinnerung an ähnliche große Menschen aus ihrer Geschichte beantwortet: für sie war es jemand wie Johannes der Täufer. Für sie war der Geist des großen Propheten Elia in ihm wiedergekommen oder einer der anderen großen Propheten Israels. Sie beurteilten Jesus nach den *Analogien* ihrer Geschichte und den Bildern ihrer Hoffnung. So haben Menschen immer das Erscheinen des Neuen, Erstaunlichen und Anderen zu verstehen gesucht. Auch wir modernen Menschen haben keine Schwierigkeiten, Jesus von Nazareth auf diese Weise zu verstehen und zu beurteilen. Unseren Erinnerungen und unseren Wünschen entsprechend finden wir in ihm einen großen Lehrer der Humanität, ein leuchtendes moralisches Vorbild, den Gründer einer neuen Religion, einen sozialen

Propheten, einen Guru der Transzendenz oder einen frühen Sozialrevolutionär. In allen diesen Fällen verrechnen wir Jesus und seine Sendung unter Kategorien, die uns durch Geschichte, Erfahrung oder Wünsche schon bekannt sind. Wir würdigen oder beurteilen Jesus nach unseren persönlichen und kulturellen Maßstäben. Dabei liegen die Maßstäbe unserer Werte und Wünsche fest, und Jesus wird für uns zur relativen oder absoluten Bestätigung dieser Maßstäbe. Wir machen uns ein Bild von ihm, aber dieses Bild gleicht weniger ihm, als vielmehr uns selbst.

Wie aber können wir es anders tun? Die Geschichte des Christentums zeigt uns doch, daß es immer so war. Immer haben Menschen, die an Jesus glaubten, ihre höchsten Würdetitel und Wertmaßstäbe ihm gegeben. Zur Zeit der Cäsaren wurde er der *Kyrios* genannt. Zur Zeit der Priester wurde er der *Hohepriester* genannt. In der jüdischen Kultur wurde er der *Messias*, in der griechischen Kultur der *Logos* und in der germanischen Kultur der *Herzog* genannt. In einer religiösen Kultur findet man in ihm den *Sohn Gottes*, in einer humanistischen Kultur schätzt man ihn als den vorbildlichen *Menschen*. Heute gewinnt er in Befreiungsbewegungen den Titel *Befreier*. In der Jesus-people-movement ist er der *Freund der Seele*. Unsere Wertmaßstäbe und unsere Wünsche sind für uns zwar im jeweiligen Augenblick absolut, im Vergleich mit der Geschichte und mit anderen Kulturen sind sie aber relativ. Sie sind bedingt durch viele ökonomische, politische, kulturelle und persönliche Faktoren. Wir haben darum heute keine Schwierigkeiten, auf die eine oder andere Weise zu sagen, wer Jesus war und was er für uns bedeutet. Weil wir aber die Bedingtheit des Absoluten kennen, haben wir Schwierigkeiten zu sagen, wer Jesus ein für allemal, absolut und für immer war und ist. Nach *Ludwig Feuerbach* und *Sigmund Freud* sind wir ferner kritisch geworden gegenüber allen unseren Bildern und Namen für etwas anderes. Wir kennen ein wenig die subjektiven Beweggründe. Mir scheint, daß uns darum die traditionellen Christusnamen und -bilder so wenig sagen.

Ernst Troeltsch nannte dieses Phänomen der Kritik *Historismus*. Das ist die Überzeugung, daß alle menschlichen Phänomene, Ereignisse, Personen und Werte historisch bedingt und darum relativ sind. Alle historischen Phänomene sind untereinander korreliert. Sind sie aber alle miteinander nach Gesetzen und Bedingungen verbunden, so sind auch alle geschichtlichen Erscheinungen im Grunde gleichen Wesens. Sind aber alle geschichtlichen Erscheinungen von gleicher Art, so kann man sie nur nach dem *Gesetz der Analogie* verstehen. Dem ontologischen Grundsatz: alles ist grundsätzlich von gleicher Art, entspricht der erkenntnistheoretische Grundsatz von der «Allmacht der Analogie» (Troeltsch) im Verstehen der Geschichte. Daraus folgt: es kann grundsätzlich nichts Neues geschehen. Geschähe doch etwas Einzigartiges und Neues, also etwas Nicht-Analoges, so könnten wir es gar nicht erkennen. Deshalb kann auch Jesus nicht einzigartig sein, und seine Botschaft kann nichts grundsätzlich Neues bringen. Er kann nur historisch verstanden werden, und das heißt: er ist mit seiner eigenen

Geschichte und seinen Wirkungen nicht mehr als eine Welle im Meer der Geschichte. Ein absoluter Anspruch auf unseren Glauben und unser Leben kann von ihm nicht ausgehen.

Wir empfinden den historischen Relativismus heute als den Ruhm oder das Elend der aufgeklärten, modernen Menschen. Wie können Christen an die einzigartige Person Jesu und an ein Ereignis ohne Analogien wie seine Auferstehung glauben, und wie können sie ihren Glauben einer Zeit mitteilen, in der alles als relativ gilt? Wie können Glaubende gewiß sein, daß ihre Namen und Bilder, die sie Jesus geben, ihn selbst nennen und beschreiben und nicht nur Wunschprojektionen sind?

Dieses Problem ist kein Problem des sogenannten «modernen Menschen». Es ist das Problem der Menschen immer gewesen. Unsere Geschichte aus Markus zeigt das: «Wer sagen die Leute, daß ich sei? Sie antworten: Johannes der Täufer oder Elia oder einer von den anderen Propheten.» Leute, die Jesus so einschätzten, verwendeten das Gesetz der Analogie. Darum war ihre erste Antwort: er gehört zur Kategorie der Propheten, vielleicht ist er der letzte und größte unter ihnen, wie es schon von Johannes dem Täufer gesagt worden war, aber er ist einer von dieser bekannten Art.

Wie die Geschichte zeigt, war Jesus offenbar mit dieser, an sich sehr ehrenhaften Antwort «der Leute» nicht zufrieden. Darum fragt er seine Jünger: *Und wer sagt Ihr, daß ich sei?* Das klingt zwar wie eine 60000-Dollar-Frage. Ich glaube aber, daß es eine echte Frage des historischen Jesus war. Er fragt so nicht, um die Jünger ein Rätsel raten zu lassen, dessen Lösung er selbst schon lange kennt. Er fragt ehrlich nach sich selbst, weil sein Geheimnis noch nicht offenbar ist. Der historische Jesus hat bekanntlich alle Titel und Namen, mit denen er bezeichnet wurde, von sich abgewiesen. Er war kein Prophet, kein Rabbi, kein Meister und auch kein Messias nach dem Vorbild der Vergangenheit und wollte das alles auch nicht sein. Warum nicht? – Offenbar wollte er mit der Abwehr aller dieser Titel aus der Tradition sein eigenes Geheimnis offenhalten für seine zukünftige Geschichte mit dem Gott, den er «meinen Vater» nannte. Gerade damit wurde er zur offenen Frage an die Jünger und das Volk. Er wehrte den Rückgriff der Erinnerung an bekannte Gestalten der Vergangenheit und damit auch das Gesetz der Analogie von sich ab. Er verstand sich ganz von seiner Zukunft her, auf die er zuging. Selbst der Christustitel, mit dem Petrus sich zu ihm bekennt und den die Kirche bis heute gebraucht, wird nach Markus von Jesus unter Geheimhaltung gestellt: so sollen die Jünger zu niemandem von ihm reden. Es ist so, als ginge damit von Jesus selbst ein Bildersturm gegen die Bilder und Gleichnisse aus, die sich Menschen von ihm machen. In der Tat, anders als daß sie Bilder und Analogien zerbrechen, mit denen Jesus gedeutet wird, versteht niemand Jesus selbst und das Neue, das er bringt. Er bleibt im Spiegelsaal seiner Wunschbilder und bleibt mit sich allein. Alle, die ihm glauben und folgen wollen, sind von Anbeginn an genötigt, auf die Frage Jesu selbst Antwort zu geben. Wer sagt *Ihr*, daß ich sei? Man kann sich die Antwort nicht bei «den Leuten» holen, weder bei den

Frommen noch bei den Unfrommen. Man muß die Antwort selbst geben und muß die Antwort selbst im Leben und Sterben verantworten.

Jeder Glaubende ist zur Antwort auf die Frage Jesu gerufen, aber keine Antwort erfaßt ihn ganz und kann für endgültig genommen werden. Bei aller Vertrautheit mit seiner Person und Geschichte wird er jedem Glaubenden, der nicht sich selbst bestätigen, sondern Jesus erkennen will, immer wieder zum Fremden. Das ist auch der Kirche in ihrer Geschichte von Generation zu Generation so ergangen. Die Frage Jesu: Wer sagt Ihr, daß ich sei? hat immer neue Antworten gefunden. Sie waren und sind historisch bedingt und darum auch überholbar. Aber die offene Frage Jesu bleibt und drängt sich immer wieder auf. Sie ist sozusagen eschatologisch offen und relativiert darum alle Antworten des Glaubens und der Kirche zu vor-läufigen Antworten. Wer Jesus in Wahrheit ist, wird erst in der Wirklichkeit seines Reiches offenkundig. Jedes Bekenntnis zu Jesus ist darum zugleich ein Bekenntnis der Hoffnung. Alle Christustitel sagen nicht nur, wer er war, sondern zugleich auch, was er heute bedeutet und wer er sein wird, was mit ihm erfahren und was von ihm erhofft wird. Alle Bekenntnisse gründen in der lebendigen Erinnerung der unvergleichlichen Gestalt Jesu und sind Antizipationen seiner Zukunft. Darum sind sie nicht nur geschichtlich bedingt, wie Troeltsch sagte, sondern treiben auch die Geschichte auf seine Zukunft voran.

Sind wir aber bei dem Versuch, die Frage Jesu nach sich selbst zu beantworten, nur auf uns selbst angewiesen? Bekommen wir von ihm selbst gar keine Antwort?

Der Weg zum Kreuz als Antwort

Hören wir die Geschichte von Markus weiter: «*Und Jesus begann zu lehren: Des Menschen Sohn muß viel leiden und verworfen werden und getötet werden und nach drei Tagen auferstehen.*» Während Jesus das Christusbekenntnis des Petrus verbietet, sagt er dieses «offen heraus», so daß es jedermann hören kann. Das geschah in Cäsarea Philippi, einer Stadt an der Grenze Israels zu den Heiden. Damit verließ Jesus diese Grenze und kehrte ins Heilige Land und ins Zentrum Jerusalem zurück. Nach den Konflikten, die seine Botschaft von der freien Gnade Gottes für die Armen schon hervorgerufen hatte, mußte er Verfolgung und Verwerfung und Tod erwarten. Das wird historisch sein. Daß dieses Schicksal mit Kreuzigung und Auferstehung enden würde, hat erst die nachösterliche Gemeinde sagen können.

Jesus nennt sich hier selbst und wird von Markus «Menschensohn» genannt. Im Vergleich mit den anderen Titeln ist dieser Ausdruck ein ziemlich unbedeutender Name. Er meint einfach «Mensch», «der Mensch», wie bei Daniel in Kapitel 7 oder bei Ezechiel. Ist er bei Daniel ein Symbol der Erlösung für das unterdrückte Volk Gottes, das unter den bestialischen Weltreichen leidet, so meint Ezechiel damit sich selbst als Propheten, als «Mann Gottes». Mit «Menschensohn» ist *ein* Mensch und *der* Mensch par excellence gemeint. Es ist kein Herrschertitel, der Menschen von Menschen trennt. Ungleich dem «Messias» drückt dieser Name «Menschensohn» nicht Macht, sondern eher Machtlosigkeit; nicht Sieg, sondern eher Demut aus. Leider hat die Kirche diesen Titel, der Jesus offenbar am nächsten kommt, später vergessen und durch Titel der Hoheit, Überordnung und der Privilegien ersetzt. Ich meine, wir sollten den Menschensohntitel heute wieder aufnehmen, jedoch so, wie die Geschichte Jesu selbst ihn mit Leben erfüllt hat.

Jesus und die Evangelien erfüllen den Namen «Menschensohn» mit dem Leidensweg Jesu zum Tod am Kreuz. Folgen wir zunächst wieder der Geschichte bei Markus: sie spricht von seinen Leiden in Steigerungen: Leiden – Verwerfung – Tod. *Leiden* heißt hier soviel wie, von Menschen mißhandelt zu werden. *Viel Leiden* heißt, ohne Maß und Widerstand zu leiden. Wo einer leidet, ist auf der anderen Seite die Aggression des Bösen. Sie stammt aus Angst. Man läßt einen anderen büßen, was einen selbst bedrückt. Leiden und Leiden-lassen machen unsere Welt so unerträglich. Es müssen diejenigen am meisten leiden, die anders sind und sich nicht nach dem Gesetz der Gleichheit der Analogie sozial einordnen und einordnen lassen. Darum muß des Menschen Sohn in der Welt des Unmenschen viel leiden.

Verworfenwerden ist nicht dasselbe, sondern eine Steigerung des Leidens. Leiden kann man mit Würde tragen. Mit Leidenden soll man Mitleid haben. Große Dulder werden verehrt. In einer rechtlosen Welt muß «der Gerechte viel leiden», sagt Israels Weisheit. Ein Verworfener aber ist kein Gerechter. Er wird ja im Namen der göttlichen Gesetze als Rechtsbrecher und Gottloser verworfen. Die Verwerfung nimmt diesem Leidenden jede Würde. Es ist ein ehrloses Leiden, mit dem keiner Mitleid empfindet. Das macht die Bitterkeit des Todes dieses Menschensohns aus. «Verflucht ist, wer am Holze hängt.» Er wurde «unter die Gottlosen gerechnet» (Lk 22,37). Als Verworfener zu leiden, d.h. mit dem Schrei sterben zu müssen: «Mein Gott, warum hast Du mich verlassen?» (Mk 15,34).

Warum muß «der Mensch» in dieses unmenschliche und gottlose Schicksal hineingehen? Das macht die folgende dramatische Episode zwischen Petrus und Jesus deutlich: Eben war Petrus noch der Christus-Bekennende. Jetzt ist er der erste, der dem Leidensweg des «Menschensohns» widerspricht. Er widerspricht nicht nur. Er bedroht Jesus. Wir wissen nicht, was Petrus im Sinne hatte. Wünschte er sich einen Christus mit Glanz und Glorie, der die Seinen zum Sieg führt, oder war es nur menschliche Sorge? Jedenfalls wendet Jesus ihm den Rücken zu und nennt vor den Jüngern das Ansinnen des Petrus satanisch. Petrus meint nicht, was göttlich ist, sondern was menschlich ist. Und Jesus nennt dieses Menschliche *satanisch*. Was heißt das?

Petrus will, was alle Menschen wollen. Was wollen wir alle? Wir lieben die Stärke, die Macht, den Erfolg. Alle Menschen wollen Leiden überwinden und Unsicherheit in Sicherheit verwandeln. Darum imponiert nur die Macht. Nur der Erfolg ist erfolgreich. Unsere Götzen der Macht, der Ehre und des Erfolgs dürfen darum nicht erniedrigt werden und nicht leiden. Unsere «Nation» kann nicht schuldig geworden sein. Unsere Niederlagen müssen «peace with honor» genannt werden. Unser schwaches Selbstgefühl erträgt es nicht anders. Wer darum unsere Idole angreift, verletzt unsere heiligsten Gefühle. Wir reagieren darauf, wie überall in der Welt, mit heftiger Aggression: «Love it or leave it!» Jesus nennt dieses Allzumenschliche satanisch. Sollte er recht haben und das wirklich dämonisch sein, dann ist das Göttliche eben das, was dieser Menschensohn tut, also das *wahrhaft* Menschliche.

Jesus kann leiden und will das Leiden annehmen, um es von dem Unmenschen fortzunehmen. Er kann verworfen werden und will die Verwerfung annehmen, um das Satanische von den Menschen fortzutragen. Er kann von Gott verlassen werden, und er will die Gottverlassenheit auf sich nehmen, um sie aus der Welt zu schaffen. Er kann das, weil er offenbar von jener Angst frei ist, die das nicht wollen kann. Er will das, weil er der satanischen Versuchung nicht erliegt, sich selbst zu vergotten und das Menschliche in sich und anderen zu unterdrücken. Er tut es, weil er den Menschen als Menschen liebt. Gerade darin ist Jesus *der wahre Mensch*, daß er so verwundbar ist für Leiden und Verwerfung und sich so rückhaltlos dem bösen Tod ausliefert. Wollte man fragen: Wer kann das?, so müßte man zuletzt wohl antworten: das *kann* nur Gott, und das kann nur Gott *wollen*. Dann aber stößt man auf die ungeheure Paradoxie, daß Gott gerade darin Gott und frei ist, daß er in «dem Menschen» Jesus sich so verwunden, verwerfen und töten läßt.

Auf diese Konfrontation läuft der Disput zwischen Jesus und Petrus hinaus: dort der *sich selbst vergottende Mensch*, der aus Armut, Elend und Angst zur Macht, zur Ehre und Unverwundbarkeit drängt, –

und hier der *menschliche Gott*, der des Menschen verachtete und verletzliche Menschlichkeit annimmt, der sich erniedrigen und verwerfen läßt bis zum Tod am Kreuz.

Dort der *nach oben strebende Mensch*, der seine Götter, Idole und Befreier leidensunfähig, unverwundbar und erfolgversprechend haben will, –

hier der *machtlose und leidende Gott*, der seine Menschen so liebt, wie sie wirklich sind, verwundbar, sterblich und offen für andere.

Es ist die Konfrontation zwischen dem allzumenschlichen Satan, der Menschen unmenschlich macht, und dem Menschensohn, der für die Menschen leidet und stirbt und sie dadurch menschlich macht.

In diesem Weg des Menschensohns ins Leiden hinein sehe ich die Einzigartigkeit, die Unvergleichlichkeit und Analogielosigkeit Jesu. Wird das, was er auf dem Weg zum Kreuz auf sich nimmt, «göttlich» genannt, dann heißt das: wer den leidenden, armen, verworfenen und gekreuzigten Menschen sieht, der sieht Gott. Er sieht nicht den erträumten Gott von Glanz und Glorie, sondern den wirklichen, den freien, den verwundbaren, den menschlichen Gott. Diese Erkenntnis zerstört einem zwar die herrliche Größe, die man perverserweise von Gott erstrebt. Sie bringt einem aber die verachtete Menschlichkeit zurück. Für Martin Luther macht die

Erkenntnis des «Gekreuzigten» uns aus «unglücklichen und stolzen Göttern» wieder zu «wahren Menschen», d.h. Menschen, die ihre Niedrigkeit, Unsicherheit und Offenheit annehmen. Für mich verkörpert der Gekreuzigte die wahre Menschlichkeit Gottes in einer Welt, die Gott widerspricht und das Menschliche zerstört. Jesus bietet uns keine Christologie an, die wir glauben müssen. Wir wissen nicht, für wen er sich selbst gehalten hat. Das würde uns auch nicht helfen. Jesus bietet uns sich selbst an, indem er das Leiden, die Verwerfung und den Tod unserer Welt auf sich nimmt. Wer er in Wahrheit ist, erkennen wir aus dem Leiden dieses Menschensohns. Nicht wer ihn mit den richtigen Worten und Namen bekennt, kennt ihn, sondern wer ihm nachfolgt, sein eigenes Kreuz auf sich nimmt und sich selbst verleugnet, der wird erfahren, wer der Menschensohn ist. Was bedeutet diese Nachfolge und was bedeutet sie für uns heute?

Menschlichkeit in der Nachfolge des Menschensohns

Jesus war ein *Fremder* in seiner Umwelt. Er paßte nicht in die Gesetze der Analogien, nach denen er beurteilt wurde. Er widersprach ihnen so sehr, daß er leiden mußte, verworfen wurde und ausgestoßen starb. Jesus ist auch in unserer persönlichen, intellektuellen, sozialen und politischen Welt ein Fremder. Die ihm glauben und ihm nachfolgen, werden von den Gesetzen und Werten ihrer Umwelt *entfremdet*. Sie erkennen in ihm den Menschensohn und werden darum einer unmenschlichen

Welt zu Fremden. Je mehr sie das an sich selbst schmerzhaft erfahren, um so mehr zeigen sie jedoch der Welt Wege zur Heimat des Menschen im Reich dieses Menschensohns. Folgen wir zum letztenmal Markus, so finden wir drei Weisungen für das menschliche Leben in einer unmenschlichen Welt.

«Wer mir nachfolgen will, der verleugne sich selbst.»

Es ist damit sicher nicht der moralische Kampf des höheren geistigen Ich gegen die niederen Triebe gemeint und auch nicht die masochistische Selbstzerfleischung. Wir wissen aber, daß die Unmenschlichkeit nicht nur in den Systemen der «Gesellschaft» des Kapitalismus, der Diktatur oder der großen Korporationen steckt. Wer den Schuldigen für alles Übel in der Welt nur dort sucht, bleibt selbst im Teufelskreis des Bösen gefangen. Die Alternative geht nicht nur durch die politischen Kämpfe. Sie geht durch den Menschen selbst. Nur Befreite können befreien. Nur wer sich selbst verleugnet, kann die Verleugnung des Menschen überwinden. Die dem Menschensohn nachfolgen, werden sich selbst nicht mehr kennen. Sie werden ihr eigenes *Ego* mit seinen großen Ängsten und seinen kleinen Ansprüchen vergessen. Sie werden ihr Ich nicht mehr in dem suchen, was Ich leiste oder was Ich mir leisten kann. Sie werden nicht mehr sagen: Ich bin, was ich habe. «Der moderne Mensch hat alles: ein Auto, ein Haus, einen Beruf, Kinder, eine Ehe, Probleme, Ärger, Befriedigungen – und wenn das alles nicht genügt, hat er seinen Psychoanalytiker. Er *ist* nichts», sagt Erich Fromm (The Revolution of Hope, 1958, 84). Es wird wiederum nicht allein dem modernen Menschen so gehen, sondern dem entfremdeten Menschen überhaupt und von Anfang an. Wer dem Menschensohn folgt, ist nicht mehr in dieser Jagd nach Glück gefangen. Er hat eine neue Orientierung. Er will sich nicht mehr durch solche Habsucht «selbst verwirklichen». Er will den Menschensohn und sein menschliches Reich in sich und in seiner Gesellschaft verwirklichen. Der Ausdruck «Menschensohn» wird ihm durch seine Tiefe und Breite der Menschlichkeit dann auch helfen, aus Jesus keinen *Superstar* zu machen, zu dem er wie zu seinem Über-Ich infantil aufblickt und den er damit zu seinem Götzen macht. Jesus–Menschensohn, d.h. folge ihm nach, indem du selbst deine Unmenschlichkeit verleugnest und der Diktatur der Angst und der Aggression nicht mehr folgst. Jesus–Menschensohn, d.h. werde ein verwundbarer, armer und offener Mensch. Tritt aus dem Gefängnis des Über-Ich und des Ich heraus und werde in der Liebe empfänglich für das Leben und für das Sterben. Die in der Nachfolge geforderte Selbstverleugnung bedeutet Freiheit.

2. Doch Freiheit und Menschlichkeit sind, wo man sie so ernst nimmt wie Jesus, nicht leicht zu leben. Darum folgt die zweite Zumutung: «*Wer mir nachfolgt, der nehme sein Kreuz auf sich.*» Es wird den Nachfolgenden zuletzt nicht besser gehen als ihrem Vorläufer. Wer dem verlorenen Menschen hilft, geht selbst verloren. Ich finde es hilfreich, daß Jesus nach Markus nicht sagt: «der nehme

mein Kreuz auf sich», sondern es betont heißt: «der nehme sein eigenes Kreuz auf sich». Keiner kann und soll Jesu Kreuz tragen und ihn nachahmen wollen. Jeder soll sein eigenes Kreuz tragen. Wenn jeder «sein eigenes Kreuz» tragen soll, so liegt in eines jeden Menschen Lebensgeschichte wohl das Maß an Entfremdung, Widerspruch und Leiden bereit, das er tragen kann, und darauf wartet, angenommen zu werden. Diese Zumutung, Leiden freiwillig anzunehmen, ist uns heute sehr fremd. Wir kennen nur zwei Dinge: auf der einen Seite das unfreiwillige Leiden wie Armut, Hunger, Krankheit und Trauer, auf der anderen Seite die Abschaffung solcher Leiden. Jesus kennt offenbar noch etwas Drittes: er spricht von einem Leiden, das nur überwunden wird, wenn es angenommen und getragen wird.

Man könnte sich einen Augenblick fragen, ob das Leiden, das in der Welt ist und auf den Menschen liegt, durch den jahrtausendelangen Kampf der Menschen dagegen eigentlich kleiner geworden ist. Dann gäbe es Grund für einen gewissen Optimismus, daß wir es in Zukunft schaffen werden, nämlich das Leiden noch weiter zurückzudrängen und das Leben immer schmerzloser und glücklicher zu machen. Wir sind in der Tat auch im Kampf gegen Hunger, Seuchen, Unterdrückung und Krieg gelegentlich erfolgreich. Es könnte aber auch sein, daß wir die Masse des Leidens nur ständig verschieben. Wir überwinden *unseren* Hunger und lassen *andere* verhungern. Wir erfreuen uns *unserer* Demokratie und unterstützen in *anderen* Ländern Militärdiktaturen. Wir werden immun gegen die Pest, die Cholera und die anderen

Massenseuchen des Mittelalters und werden zugleich anfällig für die Zivilisationskrankheiten und produzieren den Krebs. Wir befreien uns von der körperlichen Arbeit und belasten uns mit einer Nervenanstrengung ohnegleichen. So verschieben wir fortgesetzt die Lasten des Leidens auf andere Menschen und auf andere Bereiche unseres Lebens und produzieren den selbstgefälligen Eindruck der Überwindung und Abschaffung des Leidens.

Für den Menschensohn gibt es offenbar ein Leiden, das nur durch seine freiwillige Annahme überwunden wird. Darum ruft er Menschen in die Kreuzesnachfolge. Damit keine Mißverständnisse aufkommen: den Armen und Traurigen verkündete er die Freude des Himmelreichs, den Gefangenen die Freiheit und den Blinden das Licht. Aber seine Jünger und das Volk, das ihm zuhört, ruft er dazu auf, um des Menschen und der Freude an seiner Freiheit willen, ihr Kreuz auf sich zu nehmen. Das Leiden in der Welt kann nicht unbewußt gemacht werden. Es kann nicht länger auf andere abgeschoben werden. Damit wird es nur immer größer. Es muß getragen werden, soll es überwunden werden. Darum, so scheint mir, sind die Leidenden in dieser Welt die wahren Menschen. In ihren Gesichtern, die von Schmerz und Trauer durchfurcht sind, erkennt man den Menschensohn wieder und erkennt man die Miterlöser jener Welt, die das Leiden auf sie abgeschoben hat. Wer dem Menschensohn folgt, wird einer von denen, die das Leiden der Welt ertragen. Damit wieder keine Mißverständnisse aufkommen: das ist keine Rechtfertigung des Leidens, die zugleich eine Rechtfertigung des Bösen ist, das Leiden verursacht.

Aber diese unmenschliche und darin gottlose Welt wird nur befreit und erlöst durch Leiden. Sie wird befreit durch die *Allianz* zwischen den *Leiden der Hoffenden* und der *Hoffnung der Leidenden*. Das ist kein Wortspiel. Die dem Menschensohn folgen, verleugnen sich selbst und nehmen ihr Kreuz auf sich. Sie folgen der Sendung Jesu, der Gottes Freiheit zu den Armen, Traurigen und Ausgestoßenen brachte, und werden damit selbst arm, traurig und ausgestoßen. So wird das *Leiden* ihrer *Hoffnung* zur *Hoffnung* für die Leidenden. Auf diese Weise offenbaren sie das Geheimnis «des Menschen». Psychologisch gesprochen, findet sich darin ein menschliches Identitätsbewußtsein, das nicht mehr durch Freund-Feind-Denken und Aggression gegen andere entwickelt wird, sondern durch selbst-lose Liebe.

Wer sagst Du, daß er sei?

Die Frage Jesu nach sich selbst fordert nicht nur eine sachliche, objektive Antwort, sondern eine persönliche. Die Theologie kann nicht dazu benutzt werden, die eigene Entscheidung zu suspendieren. Ich antworte darum zuletzt auf seine Frage in persönlicher Verantwortung:

1. Du bist der *wahre Mensch*, die Erfüllung der Hoffnung Gottes auf sein Ebenbild in der Schöpfung. Du bist der wahre Mensch mitten in diesem Chaos der Götzen und Dämonen, der Dehumanisierung und der Inhumanität. An Deiner Freiheitsbotschaft wird unsere Gefangenschaft offenbar. An Deiner Liebe wird unsere Armut,

Krankheit und Besessenheit sichtbar. In Deinen Leiden und Deinem Tod am Kreuz erkenne ich den wirklichen Gott, der leiden kann, weil er lieben will. Darum bist Du zugleich der *wahre Gott*.

2. Du bist der *Mensch der Zukunft*. In Deiner Passion und Deiner Auferstehung, die ich nur schwer begreife, obwohl sie mich so sehr anzieht, offenbart sich das messianische Geheimnis «Mensch». Darum bist Du meine Hoffnung, wenn ich an mir selbst und am Verrat des Menschen in meiner Welt verzweifle. Du hast jene Zukunft, für die zu leben und zu leiden es sich lohnt, in diese unmenschliche und gottlose Welt gebracht. Für sie hast Du den Tod erlitten. Wenn es mich auch von mir selbst, von meiner Gruppe und meinem Volk entfremdet, so will ich doch Deiner Hoffnung und Deinem Leiden folgen.

In einer Welt, die nach dem «Tod Gottes» auch den «Tod des Menschen» proklamiert und praktiziert, ist *der Menschensohn* für mich das Zeichen des Widerspruchs gegen unsere Gesetze und Analogien und das Zeichen der Hoffnung auf die Auferstehung des Menschen aus seiner Erniedrigung in die neue Welt Gottes.

DIE KINDER DER ZUKUNFT

Sinndimensionen für die Humanisierung des Menschen

Es liegt eine Vermessenheit darin, über den Menschen zu sprechen, wenn man selbst nur ein Mensch ist. Was könnte eine Ameise über die Ameisen oder ein Fisch über die Fische sagen? Man müßte sein eigenes Dasein transzendieren, um dann auf sich zurückzublicken, wollte man sein eigenes Wesen objektiv beschreiben. Oder es müßte ein anderer kommen, um einem zu sagen, wer man ist. Sonst bleibt man allein und bei sich selbst und weiß nicht, ob man die Wahrheit sagt oder Illusionen nachhängt. Wie soll man sich selbst erkennen, wenn man sich zum Zwecke der Selbsterkenntnis spalten muß in das wissende Ich und das gewußte Selbst? Transzendiert man sich selbst und erkennt sich, so ist man mit sich selbst nicht einig. Ist man mit sich selbst einig, so transzendiert und erkennt man sich nicht mehr. Darum sagte ein weiser chassidischer Lehrer: «Ich habe ein Buch verfassen wollen, das sollte ‹Adam› heißen, und es sollte darin stehen der ‹ganze Mensch›. Dann habe ich mich besonnen, das Buch nicht zu schreiben.» Wollen wir gegen seinen weisen Rat doch so töricht sein, als Menschen über «den Menschen» zu sprechen, so beanspruchen wir nicht jene Transzendenz, die vom Himmel her auf die menschliche Tragödie oder Komödie auf Erden herabsieht, und beanspruchen auch nicht jene Objektivität, die von «dem Menschen» so spricht wie von einer Wanze und von der menschlichen Gesellschaft wie von einem Ameisenhaufen. Als Menschen können wir nur betroffen und beteiligt, mit Sorge und Hoffnung und also parteilich vom «Menschen» reden.

Die menschliche Erkenntnis der Sterne bleibt für die Sterne selbst gleichgültig. Die menschliche Erkenntnis des Menschen aber bleibt nicht ohne Folgen für den Menschen. Wer vor Gericht in ein schwebendes Verfahren eingreift, ist immer entweder ein Zeuge der Anklage oder ein Zeuge der Verteidigung. Weder er selbst noch das, was er sagt, sind neutral. «Der Mensch» ist für mich ein solcher offener Prozeß mit unsicherem Ausgang. Der Mensch kann sich gewinnen, er kann sich auch verlieren. Er kennt sein endgültiges Urteil noch nicht. Wer immer über den Menschen spricht, steht selbst in diesem Prozeß und ist Partei. Jede Anthropologie sollte sich dieser Vorläufigkeit und ihrer Parteilichkeit im Prozeß um den Menschen bewußt sein. Dann werden ihre Aussagen bescheidener und hilfreicher werden.

Von allen Seiten werden wir heute getestet, analysiert, befragt, gemessen und berechnet. Wir wissen darum heute viel mehr über den Menschen als frühere Zeiten – aber wir wissen viel weniger, woran wir mit uns selbst und anderen eigentlich sind. Wir gehen durch die Straßen und Supermärkte und werden als Träger bewußter und unbewußter Konsumbedürfnisse beobachtet. Wir arbeiten in Fabriken und Büros und werden in unserem Arbeitsverhalten registriert. Wir sind *homo oeconomicus*. Vor den Wahlen werden wir meinungsbefragt, und die großen Meinungsforschungsinstitute geben schon vor unserer Wahl ihre Prognosen mit erstaunlicher Genauigkeit heraus. Wir sind *homo politicus*. Sind wir krank, so werden unsere physiologischen Funktionen in Krankenhäusern in einen Datenfluß überführt. Wir sind Träger dieser oder jener Krankheit, und unsere Individualität erscheint nur noch in den Aberrationen von den Grenzlimits. Wir sind *homo medicinus*. Wir haben unsere seelischen Schwankungen und lassen uns psychologisch untersuchen und erscheinen dann als *homo psychologicus*. Endlich gehen wir in die Kirchen und werden als Geschöpfe Gottes, Sünder und Gerechte angesprochen und erscheinen als *homo religiosus*. In jedem dieser Lebensbereiche stehen wir offenbar unter dem Eindruck eines anderen Menschenbildes, nach dem wir analysiert und beurteilt werden. Aber wer wir nun eigentlich selbst und «als Menschen» sind, wissen wir noch nicht, denn wir können uns weder mit dem einen noch dem anderen Bild vollständig identifizieren. Wir werden in unserem Geheimnis auch von keinem vollständig erfaßt.

In dieser Situation kann die christliche Anthropologie nicht mehr metaphysisch das einzig wahre Menschenbild verkünden. Sie kann sich aber auch nicht auf den religiösen Bereich zurückziehen, der mit den anderen Bereichen nichts oder nur noch sonntags etwas zu tun hat.

Wir sind nicht in der Lage, «*das Wesen*» des Menschen zu bestimmen, das allen seinen Phänomenen zugrunde liegt, denn es wird immer schwerer, alle Aspekte des Menschlichen auf eine Umfassende Idee zu vereinen. Eine solche «Idee des Menschen» würde auch sehr abstrakt ausfallen und niemandem helfen. Wir können aber

Sinndimensionen erkennen und darstellen, in denen der Prozeß «Mensch» stattfindet und die Menschlichkeit gegen Unmenschlichkeit entfaltet werden muß.

Wir werden die verschiedenen, wissenschaftlich begründeten *Ansichten* vom Menschen nicht mehr in ein großartiges Gemälde integrieren, das «der Mensch» betitelt wird. Wie der Mensch in den vielen Beziehungen seines Lebens *aussieht*, können wir wissen. Aber welche *Aussichten* er auf seine Zukunft hat, wissen wir damit noch nicht. Ist der Mensch ein offener Prozeß, dann ist er auch in Bewegung und Veränderung begriffen. Sein Aussehen können wir in Momentaufnahmen von gestern und heute fixieren. Seine Aussicht, die ihn bewegt und verändert, müssen wir aber anders ergreifen.

Alle Menschenbilder definieren den Menschen, und alle *Definitionen* sind Herrschaftsakte, sagten wir. Zur Entfaltung der Menschlichkeit brauchen wir nicht solche Definitionen. Wir brauchen *Spielräume*, in die hinein wir uns entwickeln können.

Von einer christlichen Anthropologie, die den Menschensohn kennt und das messianische Geheimnis, das der Mensch ist, achtet, erwarte ich die Darstellung fundamentaler Sinndimensionen, in denen das Menschliche verwirklicht wird. Ich erwarte von ihr keine zusätzliche Beschreibung des Aussehens von Menschen. Ich möchte keiner weiteren Definition untergeordnet werden. Ich suche Spielräume zur Entfaltung des Lebens. Ich möchte nicht noch einmal festgestellt werden. Ich möchte von den Feststellungen, die mich bedrücken, freigesetzt werden.

In dieser letzten Meditation soll darum über die *Sinndimension des Vertrauens*, die *Aussicht der Hoffnung* und den *Spielraum der Liebe* gesprochen werden, denn das sind die wichtigsten Dimensionen der Menschlichkeit in der Gemeinschaft mit dem Menschensohn. In ihnen geht es um den Kampf gegen Aberglauben, Resignation und Apathie, also um Konfrontationen, die zur Entscheidung einladen und nicht neutral lassen.

Vertrauen: Glaube oder Aberglaube?

Martin Luther hat in seinem Großen Katechismus geschrieben: «Das Trauen und Glauben des Herzens macht beide, Gott und Abgott. Ist der Glaube und das Vertrauen recht, so ist auch Dein Gott recht; und wiederum, wo das Vertrauen falsch und unrecht ist, da ist auch der rechte Gott nicht, denn die zwei gehören zuhaufe: Glaube und Gott. Worauf Du nun Dein Herz hängst und Dich verläßt, das ist eigentlich Dein Gott.» Luther hat mit diesen Sätzen sehr schön gesagt, daß christlicher Glaube kein Spezialglaube ist, sondern Glauben schlechthin. Er will nicht der Glaube von Christen sein, sondern der Glaube des Menschen. Er setzte dabei voraus, daß der Mensch immer und überall glaubt und vertraut. Die für ihn allein wichtige Frage war darum: Worauf setzt der Mensch sein ganzes Vertrauen und wem glaubt er?

«Der Glaube des Herzens macht Gott und Abgötter.» Ist das richtig, dann gibt es keinen wirklichen Unglauben, denn es gibt keinen Menschen, der überhaupt nichts glaubt und niemandem vertraut. Es gibt dann in der Sinndimension des Vertrauens nur Glauben und Aberglauben. Ferner gibt es dann keinen absoluten Atheismus, sondern nur einen relativen Atheismus in bezug auf andere Götter. Die Frage nach dem wahren Glauben und dem gänzlichen Vertrauen wird im Kampf zwischen Gott und den Götzen entschieden. Luther gab auch ein Beispiel dafür: «Es ist mancher, der meint, er habe Gott und alles genug, wenn er Geld und Gut hat. Er verläßt sich darauf und brüstet sich damit steif und sicher, daß er auf niemand nichts gibt. Auch dieser hat einen Gott, der heißt Mammon, das ist Geld und Gut, darauf er sein ganzes Herz setzt. Das ist der allergemeinste Abgott auf Erden.» Es gibt andere, die vertrauen und trotzen darauf, daß sie große Kunst, Klugheit, Gewalt, Gunst, Freundschaft und Ehre haben. Auch sie haben einen Gott, aber es ist nicht der rechte, einige Gott. «Das siehst Du daran, wie vermessen sicher und stolz man auf solche Güter ist, und wie verzagt, wenn sie nicht vorhanden sind oder entzogen werden.»

Woran aber soll man erkennen, was wahrer Glaube und was Aberglaube ist? Jeder hält schließlich seine Götzen für die wahren Götter und die Götter anderer Menschen für bloße Götzen. Luther stellt den Konflikt zwischen Glauben und Aberglauben und die Konfrontation zwischen Gott und den Abgöttern in der *Sinndimension des fundamentalen Vertrauens* dar. Sie ist komplementär verbunden mit der *Dimension des Verfügens*. Beide Dimensionen zusammen machen die Struktur der menschlichen Freiheit aus. Indem ich auf eine Sache vertraue, werde ich frei, über alle anderen Dinge zu verfügen. Indem ich mich auf eines ganz verlasse, kann ich zu vielem anderen in eine freie Beziehung treten. Vertrauen und Verfügen bedingen sich dabei wechselseitig. Doch kann ich niemals über das frei verfügen, worauf ich mich ganz verlasse und an das ich mein Herz hänge. Und ich kann niemals mich auf das verlassen und mein Herz an Dinge hängen, über die ich frei verfügen kann. Hänge ich nun doch mein Herz an Dinge, die keinen Verlaß bieten, so überfordere ich sie. Da ich aber im Grunde meines Herzens weiß, daß alle diese Dinge vergänglich, unzuverlässig und haltlos sind, bleibt die Angst. Sie wird dann durch eine ostentative Übersicherheit kompensiert. Das ist die Vertrauensstruktur des Aberglaubens. Er vertraut auf Dinge, über die man frei verfügen kann und die man verantworten muß. Er versklavt damit den Menschen an diese Dinge und macht ihn abhängig. Diese vergötterten Dinge aber werfen ihre Unsicherheit auf den abergläubischen Menschen zurück und bedrohen ihn mit Angst. Im Aberglauben schafft sich der Mensch immer solche Symbole und Werte aus den Dingen, die für ihn identisch werden mit seinem Selbst, mit seiner ganzen Existenz, denn er hängt sein Herz an sie. Angriffe auf diese Symbole und Werte oder innere Schwankungen dieser vergötterten Wirklichkeiten faßt er dann als Angriffe gegen seine vitalen Interessen auf. Schwankungen in seinen Götzen werden zu Schwankungen in seinem Selbstvertrauen. Ist seine Nation die mächtigste, so fühlt er sich als Nummer eins in der Welt. Schwankt ihre Macht, so wird er unsicher und fühlt Selbsthaß. Die Bedrohung seiner Götzen mobilisiert in ihm immer heftige Aggression gegen die Feinde, denn «es kann nicht sein, was nicht sein darf». Wer immer auf etwas Verfügbares vertraut, gibt seine Freiheit auf und wird versklavt. Er überfordert außerdem seinen Vertrauensgegenstand und zerstört damit dessen gebrechliche Schönheit.

Worauf aber kann man dann sein ganzes Vertrauen setzen und zugleich ganz frei werden? Paulus, Augustin und Luther hatten gesagt, der Mensch, das einzige Ebenbild des unsichtbaren Gottes in seiner Schöpfung, solle sein ganzes Vertrauen auf den Schöpfer aller Dinge setzen, um mit ihm und in seinem Namen über die Schöpfung liebevoll zu herrschen. Die Ursünde des Menschen aber sei es, daß er anstatt des unsichtbaren Gottes irgendwelche Geschöpfe vergöttere und anbete oder sich aus seinen eigenen Werken rechtfertige. Die Wurzel alles Bösen ist danach die Perversion der Vertrauen-Verfügen-Struktur. Man vertraut auf den Mammon, den Staat, seinen Erfolg oder seinen Status und meint, über den Schöpfer verfügen zu können.

Die neuzeitliche Kritik der Ideologien und der Religionen hat gezeigt, daß die Unterscheidung von Glauben und Aberglauben schwieriger geworden ist. Auch die Kirche, die Bibel, die Symbole und Gemeinschaften des Glaubens können nämlich zum Götzen gemacht werden und werden es auch beständig gemacht. Die Freiheit vom Aberglauben und Götzendienst verlangt das ständig aufmerksame, kritische Bewußtsein und die permanente Selbstkritik. Niemals darf ein Ding, ein Mensch, eine

Institution oder das eigene Ego den Platz des Gottes einnehmen, an den man sein Herz hängt und dem man ganz vertraut. Man muß mit seinem Herzen alles Sichtbare verlassen und allein dem unsichtbaren Gott vertrauen. Wie radikale jüdische Denker (E. Bloch, E. Fromm, Th. Adorno, M. Horkheimer) sagen: nicht einmal der Name oder der Begriff Gottes, ganz zu schweigen von unseren Gottesvorstellungen, darf den Platz des *Unnennbaren* einnehmen. Man muß ein «Atheist um Gottes willen» werden. Das aber ist schwer und fast menschenunmöglich.

Es mag möglich sein, wenn man in der Situation Adams vor seinem Abfall vom Vertrauen ins Verfügen steht. In der Situation aber des Abfalls und der Angst sieht die Freiheit des Glaubens anders aus. Man muß erst aus der Sklaverei des Götzendienstes und der Angst befreit werden, um seine Freiheit durch kritisches Bewußtsein bewahren zu können. Von diesem Vorgang der Befreiung, der zur Freiheit führt, spricht das Neue Testament, wenn es vom *Glauben* spricht. In dem Lebensweg des Menschensohns Jesus bis zum Tod am Kreuz offenbart sich die Humanität Gottes, der sich selbst erniedrigt, um die Erniedrigten durch sein Leiden zu befreien. Das klingt sehr paradox: der Gott, der über alle Götter und Dämonen ist, weil er der Schöpfer aller Dinge ist, geht in das Geschaffene ein, wird ein Mensch gleich wie wir, läßt sich verspotten, ausstoßen und töten. Luther hat das auf eine treffende Formel gebracht: «Weil wir in Adam unsere Menschlichkeit verließen, um zur Gottähnlichkeit aufzusteigen, verließ Gott seine Göttlichkeit und stieg in Christus in unser Fleisch herab und brachte uns unsere verlassene Menschlichkeit zurück.» Das widerspricht unseren Wünschen nach Göttlichkeit, Hoheit, Macht und Unverwundbarkeit. Der Gott, den Jesus in seinem Weg ans Kreuz offenbart, ist jedoch nirgendwo größer als in dieser seiner Selbsterniedrigung, er ist nirgendwo mächtiger als in der Ohnmacht Jesu, er ist nirgendwo herrlicher als in seiner Hingabe, er ist nirgendwo göttlicher als in dieser Menschlichkeit. Es war darum gut, daß *Whitehead* sagte: «In this sense, God is the great companion – the fellow-sufferer, who understands.» Es ist noch besser mit *Kazoh Kitamori* und *Dietrich Bonhoeffer* zu sagen: «Nur der leidende Gott kann helfen.»

Wie aber hilft der Gott, der in dieser gottlosen und unmenschlichen Welt in seinem leidenden Menschensohn präsent ist? Der Glaube an ihn gibt Menschen eine neue Orientierung: sie suchen Gott und ihr Glück nicht mehr bei Götzen der Macht und im Besitz geschaffener Dinge. Sie erkennen im Leiden Christi ihre verachtete, verwundbare Menschlichkeit und nehmen sie an. Sie leiden das Leiden Gottes an der gottlosen Welt mit. «Christen stehn bei Gott in seinem Leiden», sagte Bonhoeffer. «Nicht der religiöse Akt macht den Christen, sondern das Teilnehmen am Leiden Gottes im weltlichen Leben» (Widerstand und Ergebung, 1951, 244). Im Vergleich mit denen, die den genannten Götzen nachlaufen, werden Christen *arm*. Im Vergleich mit der Sklaverei und Besessenheit jener aber werden sie *frei*. Die Orientierung am Leben und Leiden des Menschensohns macht damit die notwendige Unterscheidung von Gott und Abgöttern, von Vertrauen und Verfügen konkret und praktikabel. Die Kritik, die vom Gekreuzigten ausgeht, realisiert das Bilderverbot des Alten Bundes. Wenn das messianische Reich kommt, verschwinden die Götzen und Dämonen aus der Welt, sagt ein altes jüdisches Gebet. In der Gemeinschaft mit dem Menschensohn findet diese Hoffnung ihre anfangsweise Erfüllung. Der «menschliche Gott» macht darum wahren Glauben möglich, weil er uns aus ängstlichen, stolzen Göttern zu wahren Menschen macht. Auf den Menschensohn, der die Krankheiten, die Schwächen und Schuld der Menschen auf sich nimmt, richtet sich darum der Glaube. Und dieser Glaube ist ein befreiendes Erlebnis: Was kann der Glaube der Kranken anderes sein als Heilung, der Gefangenen anderes als Befreiung, der Schuldigen anderes als Vergebung ihrer Schuld? Was kann der Glaube der Sterbenden anderes sein als Auferstehungsglaube?!

In der Sinndimension des Vertrauens stehen Glauben und Aberglauben im Kampf um den Menschen. Die Erfahrung der Befreiung durch das Leiden Gottes und die Bereitschaft, am Leiden Gottes in der Welt teilzunehmen, scheint mir hier die christliche Antwort auf die Frage zu sein: Wie werde ich ein Mensch?

Die Aussicht des Lebens: Hoffnung oder Illusion?

Sprechen wir von der Aussicht des Lebens, so betreten wir eine weitere fundamentale Dimension, in der

Menschsein realisiert und korrumpiert wird. Lange Zeit wurde die Hoffnung unter die Affekte und Stimmungen der Seele gerechnet und nur psychologisch beschrieben. Für Spinoza waren Hoffnung und Furcht nur Zeichen seelischer Schwäche. Für Freud fiel die Hoffnung unter das infantile Illusionsprinzip. Wir verstehen heute die Hoffnung anders. Hoffen heißt nicht, eine Reihe von Hoffnungen, zum Beispiel auf Liebe, Gesundheit und höheres Einkommen, zu haben. Hoffen ist ein Existenzmodus und heißt, offen zu sein. Umgekehrt heißt Verzweifeln nicht, ein paar Hoffnungen zu begraben, sondern seine Offenheit und damit sich selbst aufzugeben. Hoffend zu leben heißt, sich selbst in einem Zustand der Bereitschaft zu befinden. In diesem Sinne ist Hoffnung nicht etwas, was einer hat und ein anderer nicht hat, sondern der Atem des menschlichen Lebens. Der Mensch hofft, solange er lebt, und umgekehrt ist er auf die spezifisch menschliche Art nur lebendig, solange er hofft. Hoffnung hält einen Menschen offen für Glück und Schmerz. Wer Krankenhäuser und Gefängnisse kennt, der weiß, daß Menschen sterben, wenn sie plötzlich den Eindruck gewinnen, daß ihr Leben aussichtslos geworden ist. Ich habe in Kriegsgefangenschaft Menschen gesehen, denen ihre Lebenshoffnung verlorenging. Sie legten sich hin, wurden krank und starben. Aus Hoffnungslosigkeit werden andere zu Verbrechern. Ein junger Einbrecher in Berlin erklärte seine Lage so: «Ich habe Arbeit gesucht, aber ich wurde immer wieder herausgeworfen. Dann kam der Punkt, da wurde mir alles egal.» Das ist typisch. Er wurde zum Zerstörer fremden Lebens, weil seine

Lebenshoffnung sich in Selbsthaß verkehrte und er sich selbst aufgab. Beides: der Tod aus verlorener Hoffnung und die Kriminalität aus Hoffnungslosigkeit zeigen, daß wir in der Hoffnung leben, wie ein Fisch im Wasser oder ein Vogel in der Luft.

Wo aber finden wir begründete Hoffnung, die uns nicht verläßt? Das Feld menschlicher Hoffnungen ist immer auch der Schauplatz der Verführer und Betrüger. Die «geheimen Verführer» der Reklame beuten die menschliche Hoffnung auf ein glückliches Leben im Überfluß aus. Mit den Waren verkaufen sie zugleich Illusionen. Die politischen Ideologien bieten mit politischen Administrationen zugleich Machtträume, Sicherheitswünsche und Selbstbestätigungen an. Auch Medizin und Psychologie leben von dem Bedürfnis der Menschen nach Hoffnung. Wie kann man begründete Hoffnung, die einen Menschen trägt und sein Leben lebendig macht, von jenen Illusionen unterscheiden, die immer sehr rasch in Resignationen umschlagen?

Manche sagen, die Jugend sei die Zeit der großen Hoffnungen. Man sieht das Leben vor sich offen und malt sich seine Zukunft aus nach den Möglichkeiten, die man sieht. Das Geheimnis der jugendlichen Hoffnung ist die Kraft der Wünsche, die uns träumen läßt. Je mehr man dann in die realen Verhältnisse hineinwächst und die Realität erkennt, um so mehr nimmt man von den Träumen seiner Kindheit Abschied und findet sich mit seinen Grenzen ab. Man wird reif, je mehr man vom kindlichen Lustprinzip zum erwachsenen Realitätsprinzip übergeht. Danach hat dann ein alter Mensch das Leben hinter sich und deshalb auch kaum noch Hoffnung. Nach diesem Bild soll man langsam, aber sicher zu einem Realisten werden, der die Wirklichkeit so ansieht, wie ein mittlerer Geschäftsmann nach einem guten Essen: mit sich und der Welt zufrieden, wenn auch nicht sehr glücklich.

Ich glaube, daß dieses Bild trügt. Es gibt ebenso viel jugendlichen Pessimismus wie reife Hoffnung im Alter. Man wird nicht dadurch zu einem reifen Menschen, daß man die Träume seiner Jugend vergißt und verachtet, sondern dadurch, daß die träumende Hoffnung der Jugend mitwächst und selbst reif wird. «Verachte nicht die Träume deiner Jugend», heißt es bei Schiller einmal. Man wird hinzufügen müssen: – verdränge sie nicht und fixiere sie nicht auf ihre infantile Gestalt, sondern arbeite mit ihnen und an ihnen, damit sie mit dir mitwachsen! Lerne aus den Fehlschlägen deiner illusionären Hoffnung, aber verwirf die Hoffnung nicht!

Man kann Hoffnung und Illusion daran unterscheiden, wie sie zum *Leiden* stehen. Die *illusionäre Hoffnung* lebt in einer anderen Welt. Ihr Gegenstand ist eine Utopie von Glück, Macht und Erfolg. Wo ein Mensch ständig diese Utopie träumt, nimmt er die Wirklichkeit seines Lebens, die auch Trauer, Ohnmacht und Mißerfolg enthält, nicht mehr wahr. Er kompensiert seine Frustrationen durch seine Träume. Er sieht auch nicht mehr das Leiden anderer Menschen, weil er nur den Traum seines eigenen Glücks vor Augen hat. Solche Utopien machen einen Menschen gefühllos und kalt. Er lebt eigentlich gar nicht mehr in seiner Zeit, sondern ist geistig abwesend. Diese fixierten Träume betrügen den Menschen um das Glück und den Schmerz der Gegenwart. *Wirkliche Hoffnung* aber öffnet den Menschen für die Erfahrung des ganzen Lebens. Sie führt ihn tiefer als alles andere in die Passion des Lebens hinein. Er kann lieben und trauern, er kann lachen und weinen. Er kann sich «mit den Fröhlichen freuen und mit den Leidenden leiden» (Röm 12,15). Die wirkliche Hoffnung intensiviert die Leidenschaft des Lebens. Man kann also illusionäre und wirkliche Hoffnung daran unterscheiden, ob sie einen Menschen liebesfähig und leidensfähig oder ob sie ihn apathisch und gefühllos machen.

Bei wem endlich finden wir die wirkliche Hoffnung auf eine andere und neue Zukunft? Ich glaube, wir finden sie bei den gegenwärtig Armen, Kranken, Traurigen und Unterdrückten. Ihnen wird ihre Gegenwart zur Last. Sie haben keinen Anteil am Glück der Gegenwart. Darum hoffen und hungern sie nach Veränderung der Gegenwart und damit nach einer anderen Zukunft. Wer sich aber im Genuß der Gegenwart und im Vollbesitz seiner Kräfte fühlt, wünscht sich von der Zukunft nichts anderes als die Fortsetzung der Gegenwart. Er möchte keine Zukunft haben, sondern nur seine Gegenwart in die Zukunft ausdehnen. Das aber ist keine Hoffnung, die für neue Erfahrungen öffnet, sondern die *Utopie des status quo*. Von ihr gilt, was von Zukunftsutopien auch gilt: sie macht apathisch und blind gegenüber fremden Leiden. Wirkliche Hoffnung auf eine neue Zukunft hat ihren Sitz im Leben wohl immer bei den Leidenden. Wer sie kennenlernen will, muß sich für ihre Schmerzen öffnen und in ihre Gemeinschaft gehen.

Die Hoffnung, die wir bei dem Menschensohn lernen, ist eine durch Liebe und Leiden gereifte Hoffnung. Sie hat nichts zu tun mit dem Optimismus, der eine noch schönere Zukunft aus dem Besitz der Gegenwart extrapoliert. Sie wird Auferstehungshoffnung genannt, weil sie aus dem Leiden und Sterben des Menschensohns geboren wird. Sie ist darum eine «Hoffnung wider Hoffen», wie Paulus sagt, und, wie wir hinzufügen können, noch mehr eine «Hoffnung wider die Resignation», denn sie reicht über den Tod hinaus. Sie zieht den Geist eines Menschen nicht aus der Gegenwart weg in eine utopische Zukunft, sondern zieht umgekehrt die Zukunft Gottes und die Zukunft des Menschen in die Gegenwart hinein. Sie macht bereit, Leid, Schmerz und Trauer anzunehmen, weil sie die Kraft gibt, in der Liebe zu bleiben und nicht unterzugehen. Die Hoffnung des Menschensohns macht das Leben lebendig vor dem Tod. Sie macht deshalb auch bereit, den Tod anzunehmen, weil er nicht das Letzte sein kann im Vergleich mit der erfahrenen Liebe. Endlich erweckte der Menschensohn die Hoffnung bei den Armen, Trauernden, Kranken und Gefangenen, wie seine Seligpreisungen in der Bergpredigt zeigen. Wo wir uns als solche erkennen oder in ihre Gemeinschaft gehen, wird uns diese Hoffnung gewisser. Das ist eine alte Erfahrung.

Spielräume der Freiheit: Liebe oder Selbstbestätigung?

Als dritte Dimension, in der der Mensch zum Menschen findet oder ihn verfehlt, haben wir die Liebe genannt.

Alle Menschen sprechen von Liebe und hungern nach Liebe, aber was ist das – Liebe? Sie ist offenbar das gemeinsame Band, das Menschen miteinander verbindet. Aber in den Bindungen an die anderen Menschen kann man diese anderen Menschen selbst suchen, man kann aber auch sich selbst in ihnen suchen.

«Gleich und gleich gesellt sich gern», sagte *Aristoteles* in der berühmten «Nikomachischen Ethik». Dieser Grundsatz scheint wie selbstverständlich unsere menschlichen Gemeinschaften und Gesellschaften zu beherrschen. Aristoteles nannte darum das gemeinsame Band aller Geselligkeit die *philia*, die Freundesliebe. Menschen von gleicher Art, gleicher Gesinnung und gleichen Standards schätzen einander und halten zusammen. «Eine Krähe hackt der anderen kein Auge aus», heißt es wiederum bei Aristoteles. Darum schätzt ein Starker keinen Schwachen und ein Freier keinen Sklaven und ein Grieche keinen Barbaren. Freundschaft beruht eben auf Gegenseitigkeit.

Wir wissen, daß der Grundsatz: gleich zu gleich zur Zeit des Aristoteles der Grundsatz einer Sklavenhaltergesellschaft war. Es ist der Grundsatz jeder Kasten- und Klassenherrschaft. Wo er heute herrscht, entstehen Segregationsgesellschaften. Durch ihre Exklusivität und ihre Privilegien erniedrigen und beleidigen sie andere Menschen. Durch Apartheidspolitik kapseln sich auf diese Weise die herrschenden Weißen von den unterdrückten Schwarzen ab. Jeder an seinen Platz: die einen in die Gettos, die anderen in die Vorstadtparadiese. Mit diesem Grundsatz der Gleichheit behauptet auch eine

Männergesellschaft beharrlich ihre Privilegien gegenüber Frauen. Mit diesem Grundsatz endlich produzieren wir soziale Trennung und sozialen Tod: die Alten in die Altersheime, die Kranken in die Krankenhäuser, die Behinderten in Pflegeheime, die Kriminellen in die Gefängnisse. Dann sind die Tüchtigen, Gesunden und Arrivierten unter sich und können sich die Beute der Bruttosozialprodukte teilen. Nach ärztlichen Schätzungen brauchten etwa fünfzig Prozent der Alten, Kranken und Behinderten nicht in den Kliniken zu sein, wenn ihre Familien sie aufnehmen würden.

«Gleich und gleich gesellt sich gern» – warum? Es scheint mir in der menschlichen *Angst* begründet zu sein: Menschen, die so sind wie ich, bestätigen mich. Menschen, die anders sind als ich, beunruhigen mich. Darum liebe ich meinesgleichen und hasse die anderen. Menschen von meiner Art, meinen Werten, meinem Glauben und meinem Lebensstandard rechtfertigen meine Art, zu leben und zu denken. Menschen, die anders sind, stellen mich durch ihre bloße Existenz in Frage. Ich suche aber Zustimmung und Übereinstimmung, darum mag ich die anderen nicht sehen und nicht hören und gehe Konflikten aus dem Wege.

Gibt es eine Alternative zu diesem Grundsatz der Kasten- und Klassengesellschaften? Das Gleichheitsprinzip wirkt heute lebensfeindlich. Zu einer «menschlichen» Gesellschaft, die den Namen verdient, gehört als Grundsatz die *Anerkennung des Anderen*. Nur damit können Ungleichartige zusammenleben und ihre Differenzen und Spannungen aushalten und schöpferisch gestalten. Die Anerkennung des Anderen sucht von ihm nicht Selbstbestätigung, Zustimmung und Übereinstimmung, sondern ist an seiner Andersartigkeit lebhaft interessiert. Sie empfindet seine Fremdheit nicht als Kritik und Verunsicherung der eigenen Art, sondern als Ergänzung und Bereicherung. Das heißt, sie sucht nicht im Anderen sich selbst, sondern sucht sich selbst im Anderen. Wie monoton und langweilig sind die Apartheidsgesellschaften, in denen man immer und überall nur seinesgleichen findet und dieselben Geschichten hört! Wie aufregend und interessant sind multireligiöse, multinationale und multirassische Gesellschaften mit ihren Spannungen und Konflikten! Lebendiges Leben ist ein Leben, das Widersprüche in sich enthält und die Kraft aufbringt, Widersprüche in sich zu fassen und auszuhalten. Dafür aber brauchen Menschen eine andere Liebe füreinander als die Freundesliebe zu den Gleichen. Sie brauchen dafür eine Liebe, die sich nicht mehr bestätigen will, sondern Rechte und Leben geben will. Sie brauchen eine schöpferische Liebe, die keine Angst mehr in sich hat.

Aristoteles führte den Gleichheitsgrundsatz seiner philia so weit, daß er auch Gott und Mensch trennte. Das Göttliche liebt nur das Göttliche, nicht das Menschliche. «Immerfort wird doch das Gleiche zum Gleichen geführt.» Darum wäre es absurd, wollte einer sagen, er «liebe den Zeus». Der Mensch liebt nur den Menschen, nicht Gott. Erst im Judentum und im Christentum finde ich diesen Gleichheitsgrundsatz, der jeden an seinen Platz stellt, durchbrochen. Gott liebt den Menschen mit einer unbekannten, neuen Leidenschaft. Er liebt voraussetzungslos und bedingungslos. Er liebt nicht das, was schön ist und ihm gefällt, sondern das Schwache und Häßliche und macht es durch seine Liebe schön. Auch der Menschensohn suchte nicht seinesgleichen. Dann hätte er im Himmel bleiben können. Er setzte sich nicht mit seinesgleichen, sondern mit «den Anderen», Sündern und Zöllnern, Kranken und Erniedrigten zusammen. Das ist schöpferische Liebe, die die Häßlichen schön, die Kranken gesund und die Bösen gut macht.

Christliche Gemeinschaft ist Gemeinschaft in dieser schöpferischen Liebe zum Anderen. Darum sagt die christliche Gemeinde in Korinth: «Hier ist nicht Jude noch Grieche, hier ist nicht Knecht noch Freier, hier ist nicht Mann noch Frau: sie sind alle einer in Christus Jesus» (Gal 3,28). Daraus folgt, daß «christliche Gemeinschaft» nicht heißen kann, neben jemandem zu sitzen, mit dem ich übereinstimme, sondern neben jemandem zu sitzen, mit dem ich nicht übereinstimme. Daraus folgt ferner, daß die Gemeinschaft mit dem Menschensohn dort lebendig ist, wo die Barrieren, die Menschen innerlich und äußerlich gegeneinander aufgebaut haben, unterwandert und abgebrochen werden. Wo Rassenschranken fallen, wo Klassenherrschaft überwunden wird, wo Alte, Kranke und Behinderte ins Leben aufgenommen werden, da ist die Gemeinschaft des Menschensohns, denn da findet der Mensch zum Menschen.

Diese Meditationen sollen schließen mit zwei merkwürdigen Geschichten:

Diogenes war ein sonderbarer Philosoph. Er lebte in einer Tonne. Eines Tages aber nahm er eine Laterne und lief am hellen Tag über den Marktplatz von Athen und rief laut: «Ich suche einen Menschen. Ich suche einen Menschen.»

Friedrich Nietzsche hat das aufgenommen und die Geschichte vom «tollen Menschen» erzählt. Der lief auch am Tage mit einer Laterne durch die Straßen seiner Stadt und rief beständig: «Ich suche Gott. Ich suche Gott.» Hat er etwas anderes gesucht? Ich glaube, das Geheimnis Gottes und das Geheimnis des Menschen gehören zusammen in der Geschichte des Menschensohns, die unsere Geschichte werden will.